JN218819

若き日の田沼意次　（鈴木白華作，静岡県，牧之原市史料館蔵・提供）

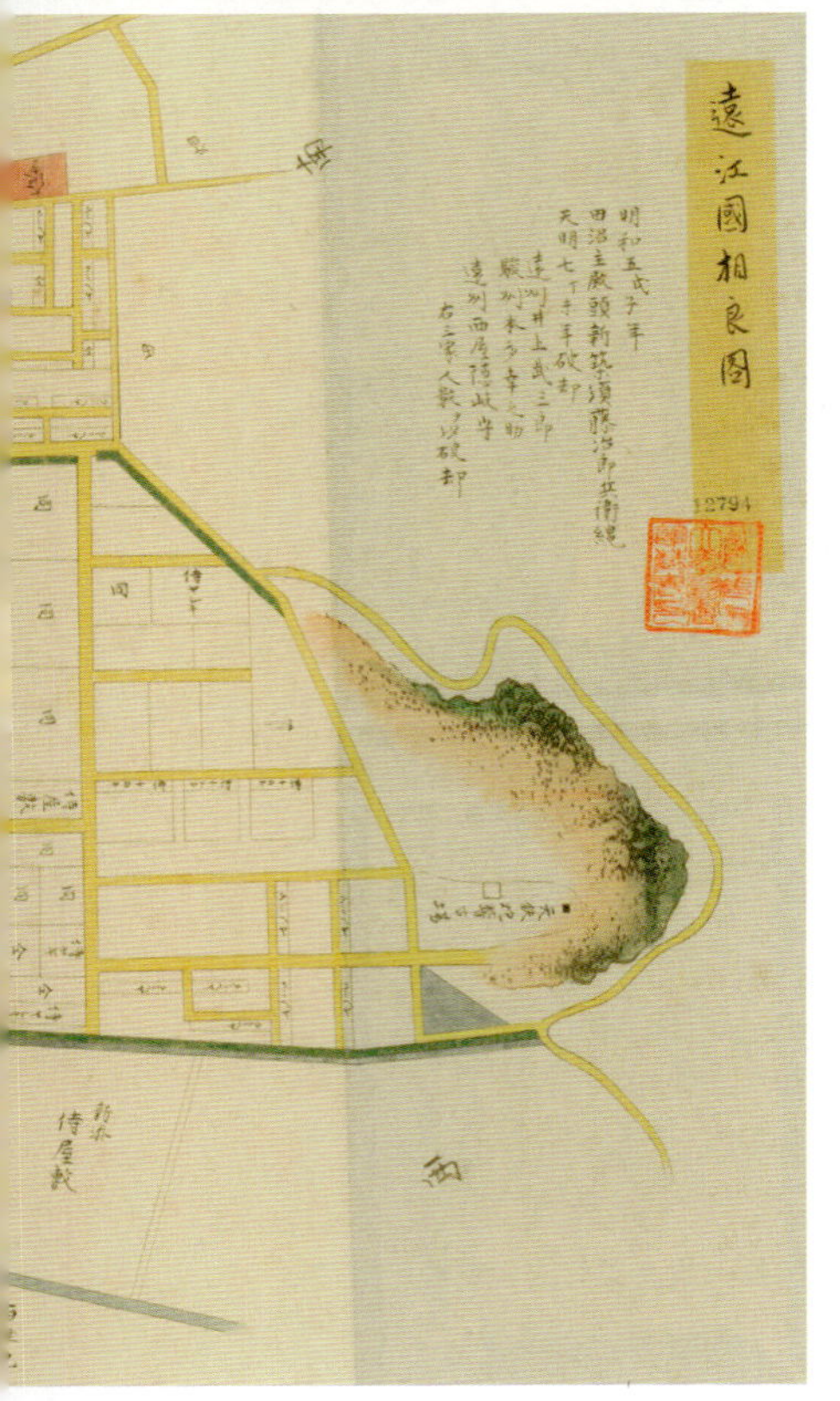

上右：**田沼意次領内遠望図**　1759（宝暦９）年，相良領内を初巡検する意次。（狩野典信（みちのぶ）筆「秋圃金波」，静岡市後藤氏蔵，牧之原市史料館寄託・提供）

上左：**相良城二の丸の並木松**　牧之原市立相良小学校の校庭の端に現存している。

左：**「遠江国相良図」**（東京都渋谷区，聖心女子大学図書館蔵・提供）

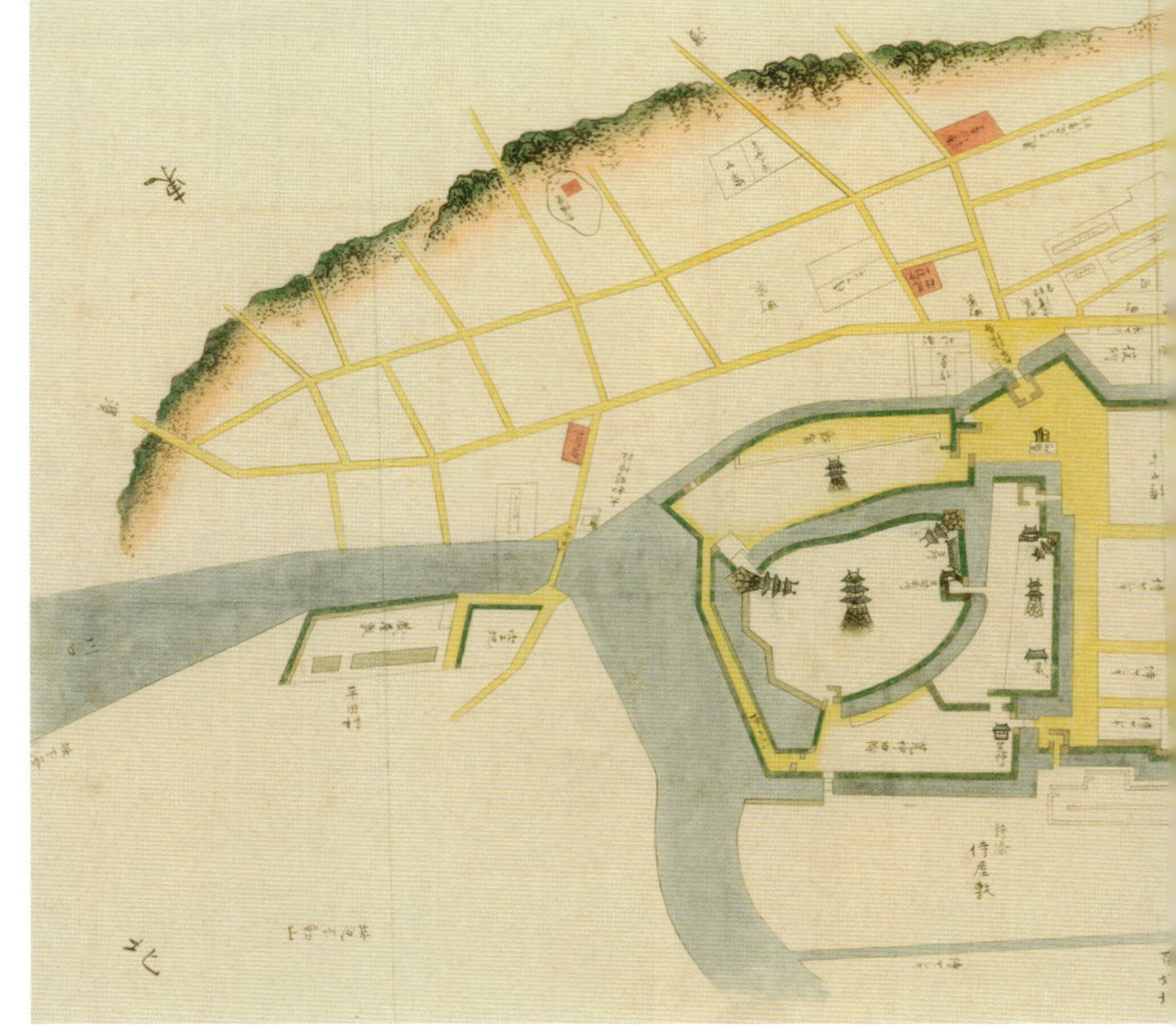
平田村
侍屋敷

上：**西林寺**　田沼氏の祖先が開創した曹洞宗の寺院。（栃木県佐野市田沼町）

右：**田沼意次の墓**　（東京都豊島区駒込，勝林寺）

下：**田沼意次の位牌**　（静岡県牧之原市大江，平田寺蔵）

新・人と歴史　拡大版　35

田沼意次
その虚実

後藤一朗　著
大石慎三郎　監修

SHIMIZUSHOIN

本書は「人と歴史」シリーズ（編集委員　小葉田淳、沼田次郎、井上智勇、堀米庸三、田村実造、護雅夫）の『田沼意次』として一九七一年に、「清水新書」の『田沼意次　その虚実』として一九八四年に刊行したものに地名などの表記や仮名遣い等の一部を改めて復刊したものです。

序文

江戸時代の歴史、なかんずく政治史を見ていると、将軍の代替わりを境として前後に大きな断絶（または曲折）があるのに気がつく。それは将軍が絶対的な権威と権力とを持ち、その親任をうけて政治が行なわれるという当時の政治体制に由来するものといえよう。将軍が亡くなると、それまで江戸城西の丸にいた嗣子が、その側近をつれて本丸御殿に移り、たとえそれまでの老中以下の幕府正規の行政組織が前代のまま残っていた場合でも、新将軍とその側近衆が実際上の権力の中核体を作るので、どうしても前将軍の時代と多かれ少なかれ、ある程度の断絶が生まれるのである。

これらのなかで、㈠柳沢吉保―荻原重秀のいわゆる元禄後期政権とつぎの新井白石政権との間、㈡田沼意次政権とつぎの松平定信政権との間の二つの場合が、その断絶の幅がもっとも広い。

ところで、この二つの政権交替劇の間には、非常に大きな相似性があるように思われる。まずこの二つの政権交替劇は、将軍交替に伴う側近グループの入れ替わりといった普通のケースとちがって、まったくクーデターともいうべき手段による政敵への権力移行である。

柳沢吉保―荻原重秀という元禄後期政権から新井白石への政権の移行をみると、当時幕府の民・財政および経済政策の事実上の推進者である勘定奉行荻原重秀に対し、新井白石は不倶戴天の敵として決死の攻撃をかけている。すなわち白石は、将軍家宣に荻原重秀の罷免を要求すること三度、「もしこの罷免要求がいれられない場合は、自分は重秀を殿中で刺し殺すであろう」とまで言って将軍を脅迫し、ついに一七一二年（正徳二）九月にその目的を達している。職を追われた重秀は翌年九月に死ぬが、元禄後期の経済政策を担当し、日本の歴史に偉大な足跡を残した勘定奉行（今日の財務大臣と、経済・民政など他の主要部門の大臣を兼ねたようなポスト）という重要人物でありながら、獄死だともまた殺されたともいわれていて、その死に方は定かではない――このあたりの問題は、詳細には小生の『元禄時代』（岩波新書）を参照していただければ幸いである――。

この点、田沼意次から松平定信への政権移行も大変よく似ている。松平定信が政敵田沼意次を倒そうと、ひそかに剣を帯びて意次刺殺の機会をうかがったことは、定信自身が後に書き記しているところで白石の場合と似ているが、また実際の政権交替劇も、御三家をバックとし徳川家譜代門閥層に支援されたクーデターのごときものであったことは、すでに学界の定説のようになっているところである。

このような事情があったためか、荻原重秀についても、田沼意次についても、信用するに足る基礎史料がほとんど残されていない。実権を握った反対政権のために関係史料が湮滅（いんめつ）されたのであろうか？　それのみではない。新井白石にしても松平定信にしても、ともに日本の政治家のなかでもっとも多く自らを語った政治家である。新井白石の『折たく柴の記』、松平定信の『宇下人言（うげのひとごと）』をはじめとするいわば政敵の書き残したものが、重秀、意次の評価を決める主要な史料となっている。

この意味で荻原重秀にしても、田沼意次にしても、その業績を後世から評価してもらうにあたって、非常に不幸なハンディを背負った人物ということになる。したがって、この両人を評価するに当たってはこのような点を十分考慮して、厳密な史料批判と新史料発見の努力が必要なわけである。

ところが、現実はまったくそれと逆のようである。戦後一時期燎原（りょうげん）の火のごとき勢いで日本史ブームがおとずれ、そのなかで大発行部数を持つ啓蒙書が流布されたが、これらを含めて歴史書の田沼意次（父子・兄弟）に関する部分を見ると、前記のような配慮がほとんど見られない。とくに歴史ブームのなかで出された啓蒙書を見ると、その点が目だつようである。なかんずく悪人田沼意次をえがく場合には、その典拠とする史料批判が、ほとんどまったくといってよいほどなされておらず、田沼の悪評・悪行を記したものであれば何でもとりあげて、これを〝歴史的事実として〟または〝あたかも歴史的事実かのごとく〟書きたてている。それのみではなく、それらの資料を使用するときに歴史家的配慮がほとんどなされておらず、少しでも面白ければそれでよいといった非学問的態度さえ見えるかのごとくである。そこには義憤さえ感じさせるものがある。

たとえば、田沼の悪事として諸書に書かれている話はほとんどといってよいくらい辻善之助『田沼時代』（大正四年刊）、徳富蘇峰（そほう）『近世日本国民史　田沼時代』（昭和二年刊）の両書、なかんずく辻氏のものに依拠している。ところがこれら両書の田沼悪事に関する話は検討してみると、信用できない史料を軽々と事実かのごとく採用したものか、信用できる史料の場合は史料の読みちがいにもとづくものである。

たとえば有名な〝まいなゐ鳥、まひなゐつぶれ〟の図は、辻氏が「田沼意次の収賄を風刺したもの」としてその著『田沼時代』のさし絵に使って以来、誰疑うものもなく文部省（現、文部科学省）検定済の教科書にまで使われてきた。この図は「古今百代草叢書」といって、四代目東流庵祐山という人が天保一〇年（田沼意次が死んで四二年目）に筆を起こした叢書で、内容がまったく信用のおけるものでないうえ、〝まいなゐ鳥、まひなゐつぶれ〟の図は辻氏のいうように田沼意次を風刺して書いたものであるという証拠はまったくない。もし強いてこれを誰かに結びつけたいというのであれば、図中に丸に十字の紋が書かれているところから、将軍家斉の正室の父としてとかくのうわさの高かった島津重豪としたほうが真実に近いだろう。

　また田沼意次が「金銀は人の命にもかえがたきほどの大事な宝である。その宝を贈ってもご奉公をしたいと願うほどの人であれば、上に忠であることは明らかである。志の厚い薄いは贈り物の多少にあらわれる……」と言ったという話は、田沼が賄賂好きであったとする好個の事例として、必ずといってよいほど引用するところであるが、私が問い合わせたかぎりでは、この話を引用している人でその典拠とする『江都見聞集』という本を見たうえで書いた人はいなかった。徳富氏の『田沼時代』にあるのをそのまま信じて孫引きしたのであろうが、この『江都見聞集』という本は現在のところ原本はおろか、写本・刊本にいたるまでどこにも見つかっていない。東京大学史料編纂所所蔵本『江戸見聞二録』に徳富氏引用の前記挿話とまったく同じ記事が載っており、しかも同氏は本書のこの部分を筆写したと考えるべきふしがある。断定はさけるが、私は徳富氏が『江戸見聞二録』のこの記事を引用するにあたって、何らかの事情でその出典名を『江都見聞集』とされたのであろうと思っているが、もしそうだとすると本書は、水戸在住の同藩士小宮山昌秀が五度ばかり江戸に出た機会に見聞したおもしろおかしい話を、一八一〇年（文化七）（田沼死後二七年目）に書き記した小冊子で、その内容は江戸巷間で拾った面白い話を書きとめたという程度のものにすぎない。こんなものを典拠に歴史の本にあたかも事実かのごとく書きたてられたのではたまったものではない。

このほか田沼意次が悪事を働いたとする典拠に使われてきた『続三王外記』『甲子夜話』「植崎九八郎上書」「伊達家文書」などの場合を検討してみると、どの場合も史料そのものか、または史料の使い方に著しい欠陥がある――この点、詳細には拙稿「田沼意次に関する従来の史料の信憑性について」（『日本歴史』第二三七号）を見られたい――。

たとえば後者の典型として、「伊達家文書」の場合があげられよう。「伊達家文書」は仙台伊達家の文書で、田沼意次を悪人とするについて使われた史料のなかでほとんど唯一の第一級史料であり、辻善之助氏も前記諸資料に出てくる田沼の悪事悪行なるものを紹介した後で、「伊達家文書」にも田沼が収賄した事実があるとして、その決め手としているものである。ところがよく読むと、この文書から田沼意次が収賄したという事実はまったく引き出せないのである。辻氏は田沼意次が側用人から老中に昇進した段階には、老中筆頭に松平武元という清廉このうえもない実力者がいたので、さすがの意次もそれをはばかってあえて政治をほしいままにすることがなかったとして、松平武元を善玉に、田沼意次を悪玉として『田沼時代』を書いているのであるが、「伊達家文書」をよく読むと、むしろ両者の関係は逆になって見えているのである。

この史料集には、藩主伊達重村がどんな手段に訴えても中将という官位に昇進したいとして、老中筆頭の松平武元と側用人の田沼意次と大奥老女の高岳とに猛運動をする文書が含まれているが、このうち明らかに賄賂と認定すべきものを取っていることが判るのは高岳のみである。田沼意次は伊達家が金品を用意して面談を申し込んだところ、「ご丁寧な御事、わざわざお出には及ばず、書面で十分です」とその申し出を断わりさえしている。これに対し、辻氏が清廉このうえもないとした松平武元のほうは、伊達家からあいさつを受けるにあたって、「使をよこす場合、目だたないように、供の人数なども減らしてほしい」などと細心の注文をつけており、しかもあいさつを受けること一度や二度ではない。ただし何を受け取ったかは、この史料からは明らかでない。

　私はかねがね田沼時代に関する定説なるものに疑問をいだき、暇をみてはあれこれと調べてきたが、たまたま田沼意次の居城のあった相良を訪ねたのが機縁で、本書の著者後藤一朗氏と面識を得た。同氏の御経歴はあとがきに詳しいので略すが、田沼意次の大変な熱愛者でほとんど独学で田沼に関する研究を重ねてこられ、その結果できあがったのが本書である。したがって従来のものとちがって、大変愛情ある熱のこもった田沼意次伝で、原稿を一読させていただいて大変面白く、また刊行するに足るすぐれたものだと思った。その詳細は紙数の関係でさけるが、私は本書のなかで、とくにつぎの二つの点を注目評価したいと考える。

　田沼意次については信頼すべき基礎史料がほとんどないことは先述したところだが、本書には著者の苦心探訪にかかる新史料が数多く使われている。たとえば田沼意次失脚直後の相良城取毀しに関連しては、「相良御引渡御城毀一件」などを用いて従来の説がいかに真実から遠かったかを証明している。また諸大名から意次への贈物についての手紙を多数紹介して、意次が受け取ったというのは世間普通の儀礼的な贈物にすぎなかったのではなかろうかということを暗示しているなどそれである。

いま一つは、とくに第四章に見られるような〝構成〟の面白さである。田沼政権から松平定信政権への移行およびその後にくる定信の失脚などを含めたこの時代の政治の動きを解く鍵の一つに、一橋家の存在があると私はかねがね考えてきたが、本書はこの一橋家に注目し諸種の分析と論証を加えて、それを軸に大胆にこの時代の歴史像を〝構成〟している。この章を厳密な実証を経ない〝構成〟として非難する人もあろうが、この時代は史料の関係から、どうしても構成力に頼らざるを得ないところが多いだけに、この〝構成〟には大変ひかれるものがある。少なくとも悪人田沼意次の陰謀を軸に〝構成〟されてきたこの時代に対する従来の学説よりは、はるかに真実に近づいていると私は考える。

後藤氏の御苦労に敬意をはらうとともに、本書をきっかけに、江戸時代史でももっとも暗黒の部分の多いこの時代の歴史に科学的な研究の光がさすようになればと希いつつ、推薦をかねて本書の序文をしたためる次第である。

一九七〇年（昭和四五）一一月二三日早朝

於学習院大学官舎

大石慎三郎

目次

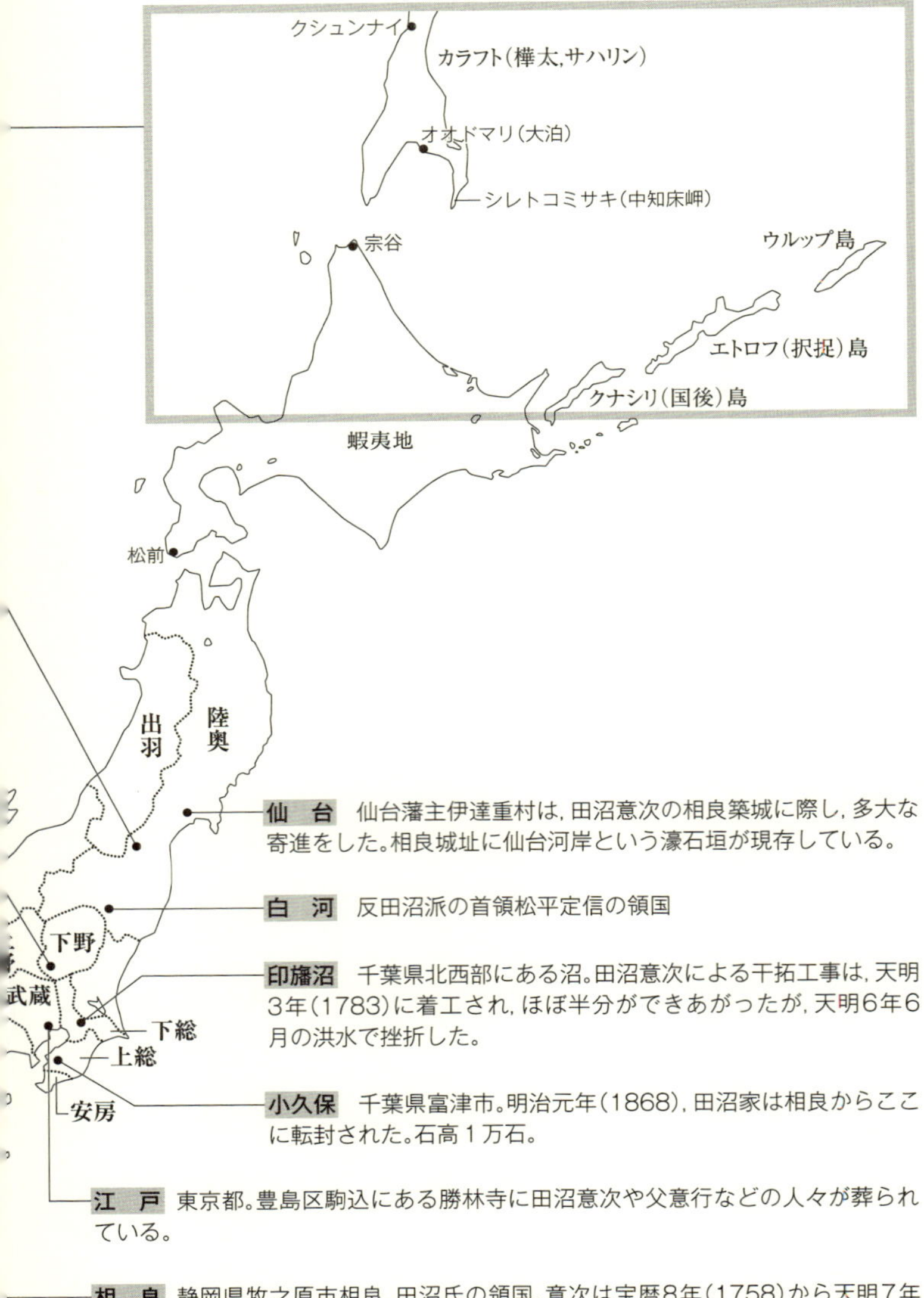

仙　台　仙台藩主伊達重村は，田沼意次の相良築城に際し，多大な寄進をした。相良城址に仙台河岸という濠石垣が現存している。

白　河　反田沼派の首領松平定信の領国

印旛沼　千葉県北西部にある沼。田沼意次による干拓工事は，天明3年(1783)に着工され，ほぼ半分ができあがったが，天明6年6月の洪水で挫折した。

小久保　千葉県富津市。明治元年(1868)，田沼家は相良からここに転封された。石高1万石。

江　戸　東京都。豊島区駒込にある勝林寺に田沼意次や父意行などの人々が葬られている。

相　良　静岡県牧之原市相良。田沼氏の領国。意次は宝暦8年(1758)から天明7年(1787)まで領有した。1万石～ 5万7000石。相良城は安永9年(1780)落成，天明8年破却。文政6年(1823)から明治元年(1868)までの45年間，石高1万石にて田沼氏の子孫が領有した。

田沼意次関係地図

千島・カラフト　田沼意次の北辺調査団は，天明5，6年(1785，86)に日本人と
して初めてこの地を探検した。最上徳内はエトロフ(択捉)島・ウルップ島に足跡
を印し，庵原弥六・大石逸平はカラフト(樺太，サハリン)のクシュンナイ・オオ
ドマリ(大泊)・シレトコミサキ(中知床岬)を踏査した。

下　村　福島市佐倉下。田沼意次失脚後，田沼氏は相良からこの地に転封され
1万石を与えられた。田沼氏がここを領有したのは天明7年(1787)から文政6
年(1823)までの34年間である。

田沼村　栃木県佐野市田沼町。田沼家祖先の発祥の地。田沼姓もこ
の地名に由来する。祖先開創の西林寺も現存する。

三河・河内・和泉　田沼意次の領地は，初めは相良周辺のみであ
ったが，最高の5万7000石に加増されたころは，これらの国々
にも領地があった。

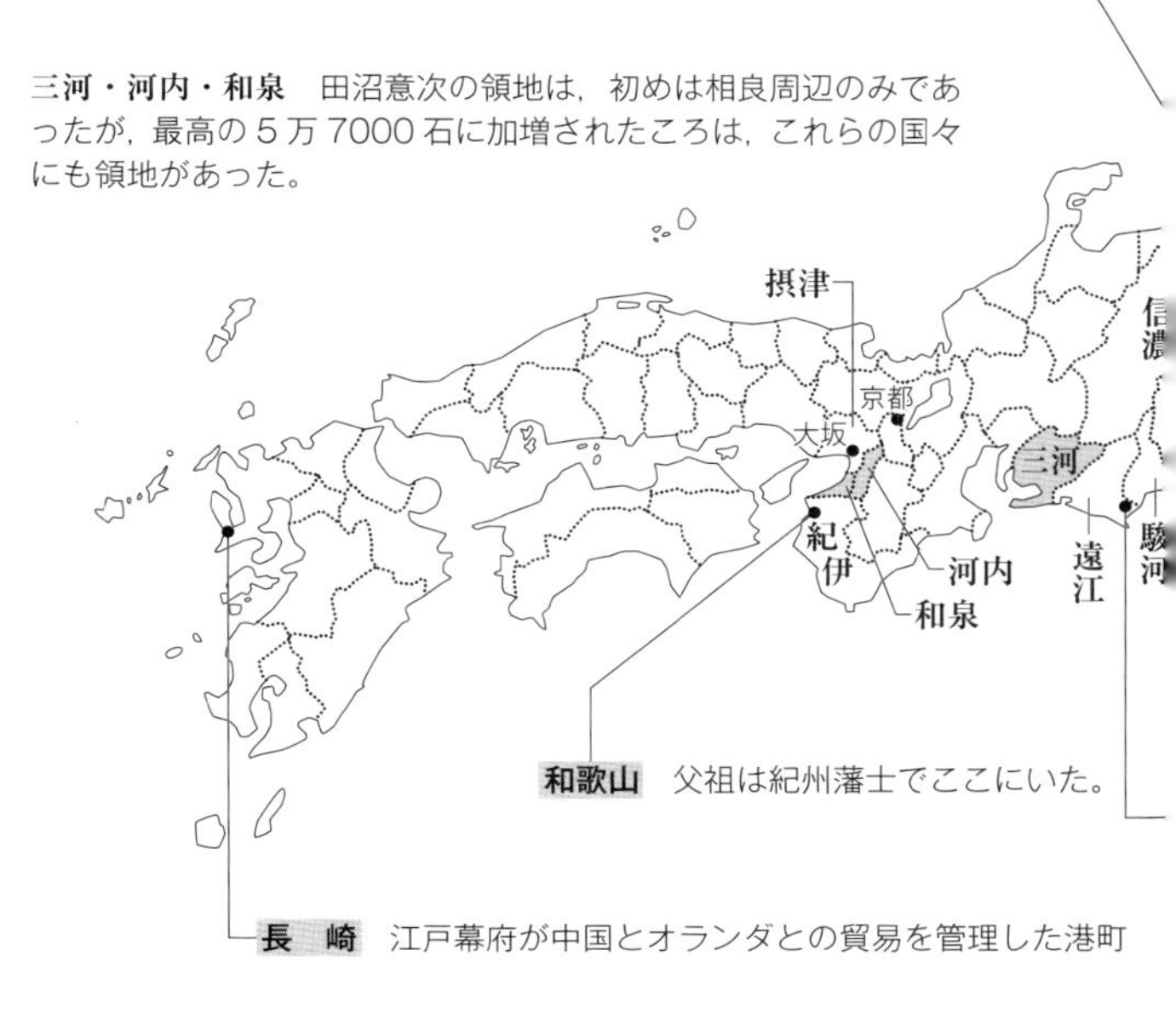

和歌山　父祖は紀州藩士でここにいた。

長　崎　江戸幕府が中国とオランダとの貿易を管理した港町

I

田沼意次の人間像

田沼意知の危禍

❖殿中の刃傷

一七八三年（天明三）一一月、山城守（やましろのかみ）田沼意知（たぬまおきとも）は若年寄を拝命、新たに五〇〇〇俵の蔵米（くらまい）を賜ることになった。父田沼意次は一〇代将軍家治（いえはる）の寵臣（ちょうしん）、すでに十数年間老中の職にあり、四万七〇〇〇石の相良（さがら）城主（一七八五年一月には五万七〇〇〇石となる）。当時〝田沼父子〟といわれて幕政の実権を握り、飛ぶ鳥も落とす勢いであった。ちまたでは、

田沼様には　及びもないが
　せめてなりたや　公方（くぼう）（将軍）様

と、わらべうたにも歌われていたほどであった。そういう得意絶頂の時、一七八四年（天明四）三月二四日、意外な大事件が起きたのである。

その日夕刻近くの退庁時、城中若年寄部屋から、酒井石見守（いわみのかみ）・太田備後守（びんごのかみ）・田沼山城守・米

倉丹後守の四人がそろって退出、中の間を過ぎて桔梗の間へ入って来た時のことである。すぐその下の新御番所に控えていた下級武士五人のなかの一人、佐野善左衛門政言はにじり出て、

「山城守殿、佐野善左衛門にて候、御免！」

と天声に叫んで、粟田口二尺一寸の大刀、鞘を払って斬りかかった。意知が振り向いた時には、早くも切っ先は眼の前に来ていた。防ぐ間も、避くる間もなく、肩先に長さ三寸、深さ七分ほどの一太刀をうけた。次の間に避けようとした意知の後ろからおろした二の太刀は、柱へあたって届かなかった。

芝居ならば「狼藉者推参なり。人びとお出あいあれ。」と呼ぶところだが、実際の場では、言葉にならない叫び声があったのみで、同行の酒井・太田・米倉らも、佐野を押さえようともせず、意知をかばおうともせず、あわてて反対側の羽目の間へ逃げ込んだ。意知も後について入ったが、肩の痛手のため、足の運びが覚束なくなっていた。

善左衛門は柱にくいこんだ刀をはずすと、人びとの間をくぐって後を追い、意知の姿を見るとまた斬りかかった。とどめを刺すつもりで腹をめがけて突いたところ、意知は必死になって鞘のままこれを防ぎ、からくも腹はまぬかれたが、両股に二太刀、また深手を負った。

ちょうど近くに居合わせた大目付松平対馬守は、すでに七〇歳の老人であったが、血刀を振り回している佐野に飛びかかって羽交締めにした。続く柳生主膳正は、彼の刀を奪い、ようや

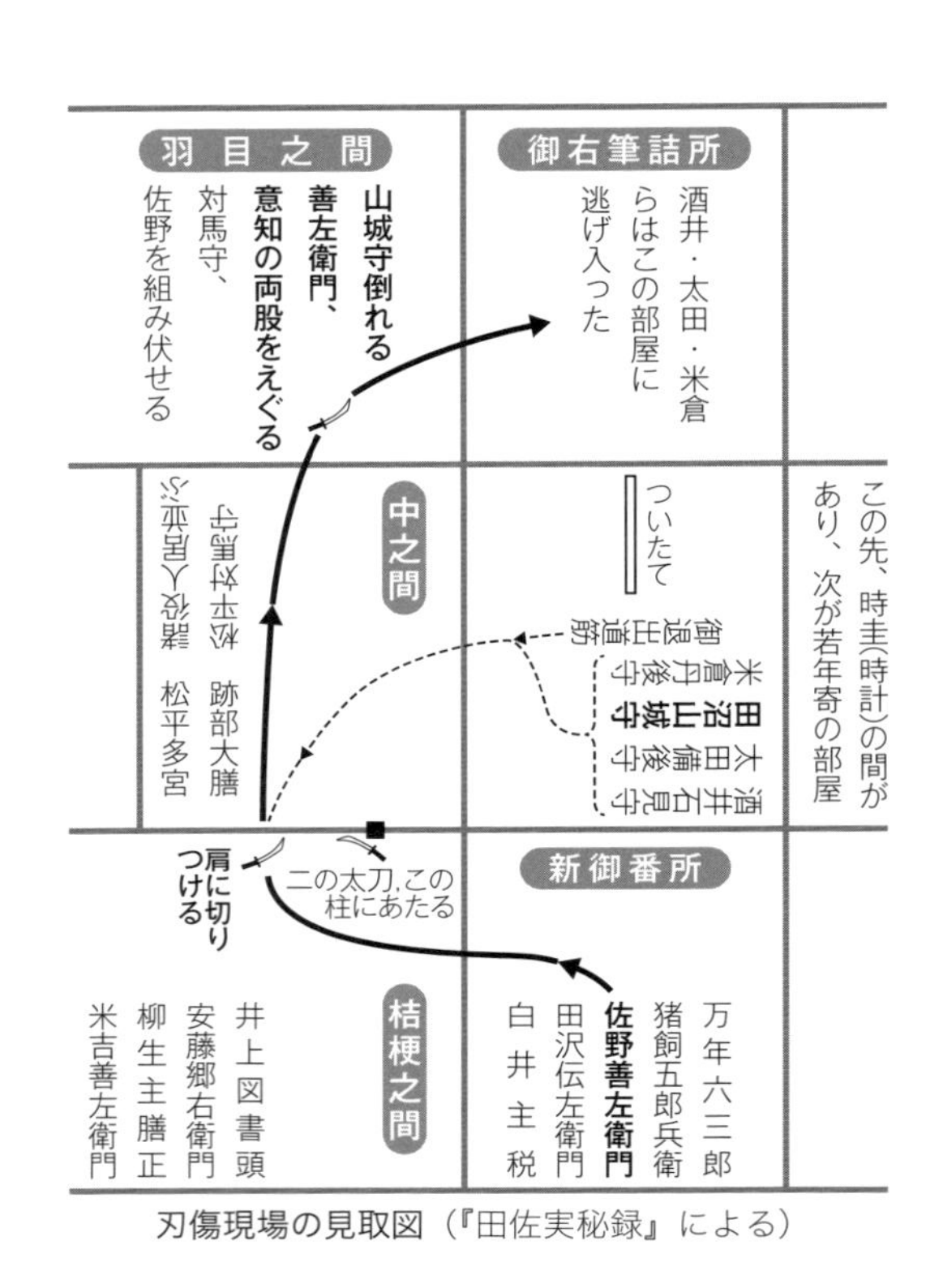

刃傷現場の見取図（『田佐実秘録』による）

く取り押さえた。善左衛門は、あと二太刀とも手応え十分だったので、

「目的達成のうえは、手向かいいたしません。」

と神妙に捕えられ、前後を御徒目付に取り囲まれて連れ去られた。

意知は、峰岸春庵端輿・天野良順敬登両医師の応急手当を受け、平川口より退出、神田橋の屋敷へかごで帰宅した。そのあと、あらゆる手を尽くしたが、なんといっても出血多量のため、二六日の明け方、三五歳（本文年齢はみな数え年）の若さで、ついに息を引き取った。発喪は、翌四月二日。

佐野はいったん町奉行曲淵甲斐守へお預けとなり、詮議の末、「乱心」ということで切腹と決まり、四月三日刑を執行された。時に二八歳。

彼を取り押さえた松平対馬守には二〇〇石加増の恩賞が与えられた。

❖世間の見る目

右の殿中刃傷事件のあった翌日、意次がいつもの通り登城出仕したのを見て、

「長子重傷を負い、危篤というのに、出仕するとは、人情薄きこと言語に絶す。」

とか、

「この期(ご)に及んでもなお、役職への執念深さよ。」

など、父意次への風当たりは強かった。また御三家の水戸藩主徳川治保卿が、

「産褥(さんじょく)でさえ七日の遠慮あるというのに、嫡子深疵(ふかきず)にて血なまぐさき身をもって登城するとは以(もっ)てのほか。」

と怒ったとか、さまざまに非難されている。しかし『徳川実紀』や「田沼家系譜」など、正確な資料によると、意次出仕の用件は、意知のお暇(いとま)頂戴のためであった。若年寄という重いお役をつとめている身のせがれ意知が、在職中、下級武士の兇刃(きょうじん)に倒れたといっては武門の恥辱、お上(かみ)に対し申しわけないと思い、無官の身としてから発喪したいと望んだのである。

これに対し将軍家治は、

「間もこれなき儀につき、役はそのままになしおき、ゆるゆる養生するがよい。」

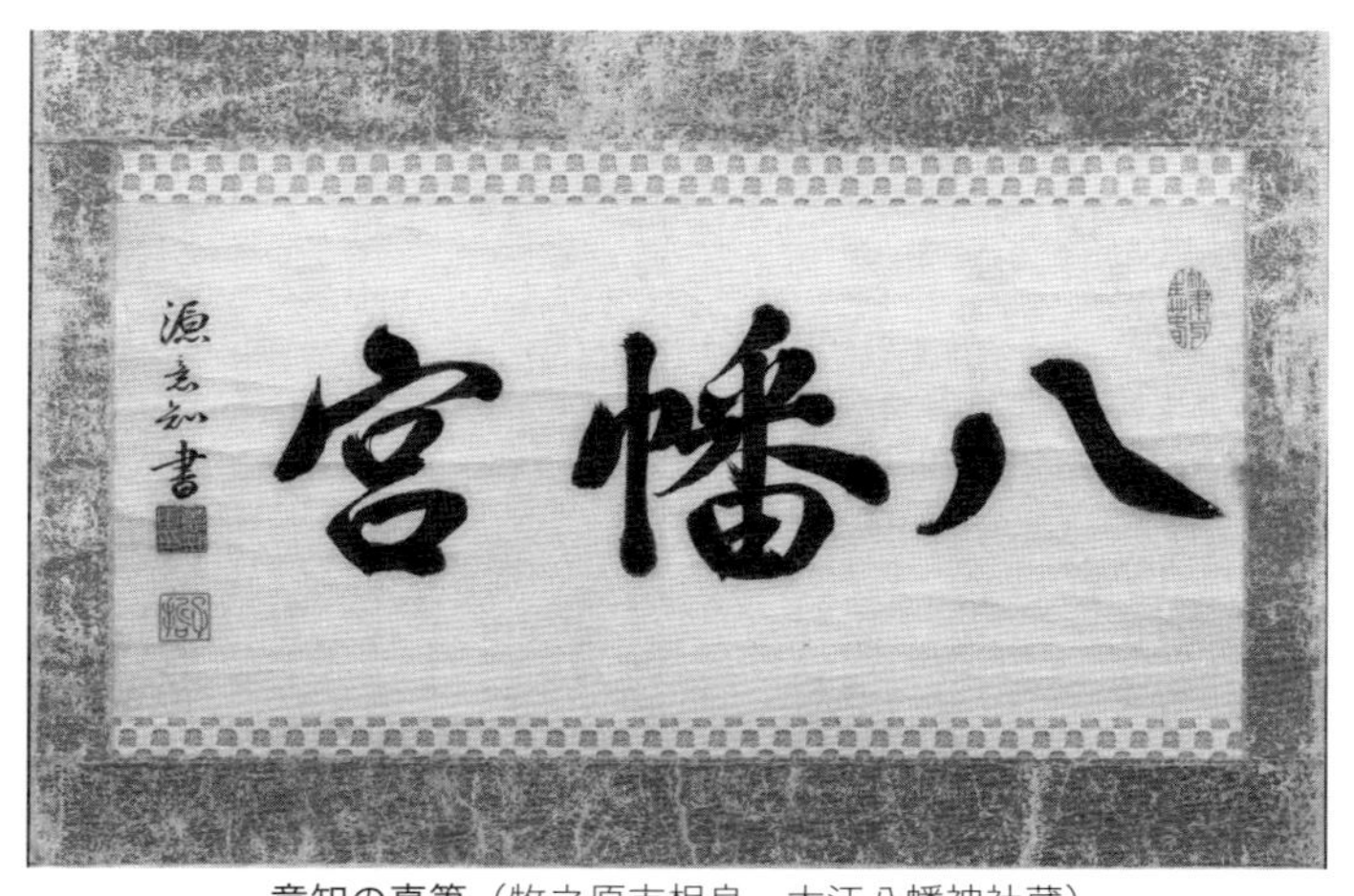

意知の真筆（牧之原市相良，大江八幡神社蔵）

と仰せられ、その意が伝達された。その席には、老中西尾隠岐守・松平周防守が立ち会っていた。

〝好事門を出でず、悪事千里を走る〟という。他人の中傷やデマは、おもしろがって尾に鰭をつけて広げられるものだが、この事件も悪い方へ悪い方へと傾き、噂されていった。

ちょうどそのころ世間では、名人蜀山人が狂歌を盛んに広めていた時であった。狂歌は、のんきで、楽天的で、その人を馬鹿にしたさまは、官憲も何も眼中になく、自由に政治をそしり、時勢を風刺していた。町の狂歌師たちが、喜んでこの事件を材料にしたことは言うまでもない。

剣先が　田沼が肩へ　辰のとし
　天命四年　やよいきみかな

東路の　佐野の渡りに　水まして
　田沼の切れて　落つる山城

金とりて　田沼るる身の　にくさ故
　命捨てても　佐野みおしまん

桂馬から　金になる身の　嬉しかり
　高上りして　歩に取られけり

『蜘蛛(くも)の糸巻』という随筆本に、善左衛門を葬った浅草徳本寺に、老若男女が群をなして参詣し、開帳場のように賑わったとある。また偶然にも、高値だった米価がその日から下がり始めたことに結びつけて、佐野を〝世直し大明神〟と崇(あが)めて香花を手向ける者が多かった一方、意知は鬼畜のように憎まれ、その葬列に投石する者もあったと書かれている。『蜘蛛の糸巻』という書は、一八四六年（弘化三）刊の岩瀬百樹(ももき)という八〇歳の老人の漫筆で、この事件から数えて六四年後の著書である。岩瀬がいかに記憶力が強いとしても、それをそのまま肯定することは無理であろう。とはいえ、世間の多くが佐野に同情的であったことは否定できない。武術万能のそのころ、一般の人の感覚として、斬られた方をさげすみ、斬った方を腕が立つとして尊敬するのが常であった。

ことに彼の家は、謡曲「鉢の木」で名高い佐野家である。

その昔、鎌倉時代、執権北条時頼は、最明寺において出家し、諸国巡視の旅に出た。その時、上州佐野のあたりで大雪にあい、源左衛門常世(つねよ)の家に一夜の宿を借りた。うらぶれた常世は、秘蔵の梅松桜の鉢の木を惜し気もなく焚(た)いて旅僧をもてなし、不遇の今の身の上を話した。しかし、いざ鎌倉という時には一番に馳せ参ずる覚悟であると、鎌倉幕府への忠誠を語った。時

意知の真筆（旧田沼家臣川島氏旧蔵）

頼が旅を終えて帰った後、諸国の軍勢を召集すると、常世が瘦馬に乗って一番にかけつけた。それを見て時頼は、彼の誠意に感じ、過ぐる雪の夜の謝礼も兼ねて三か庄を与えたという。

この史話は、当時知らない人はないほどのものであり、善左衛門は、その佐野源左衛門常世の後裔であるという。そんなところから、なんとなく世間の目が、善左衛門を高く評価したことは想像にかたくない。

❖私怨説

この事件が、当時最大のニュースとして世間の耳目を一点に集めたことはいうまでもない。各作家は腕によりをかけて、虚実をとりまぜて書きなぐり、その起因も、憶測をたくみに入れて読者の喜びそうな理由を作って拡げた。なかには公憤説もなくはないが、多くは私怨による兇行とされている。

A　佐野家の系図をだまし取り、それを返さないので善左衛門が怒って兇行におよんだという説は、もっとも多く世に拡げられた。

昔の武家の系図というものは、今の個人履歴書のように、就職や進級の際、重要な参考資料にされていた。しかし意次はその時六六歳で老中職、意知は三五歳で若年寄。すでに最高位に昇りつめていて、これ以上系図を粉飾したところで利益はないはずである。

その田沼父子が、系図詐取のような実利の伴わない行為をするとは考えられない。

B　善左衛門が意知に昇格の運動を頼み、賄賂金を贈ったが成功せず、それを怨んでの兇行ともいわれた。また、佐野家家宝の七曜紋入りの旗を意知に貸したが、返さなかったからだとも評判された。さらに、将軍鷹狩りの際、善左衛門がかもを一羽射ち落としたが、その恩賞に洩れたのを側近の意知のさえぎりだと思い込んだ怨みだとも語られた。

以上のように、ここまで「私怨による兇行」として書かれたものはいずれも根拠は薄弱で、筋も通っておらず、納得できるものではない。

C　考えられることは、当時大当たりに当たっていた歌舞伎、「仮名手本忠臣蔵」の浅野内匠頭(たくみのかみ)を気取って殿中で刃傷し、自分の名を高めようという佐野の名誉欲がこの事件を起こしたということである。もしそうであるとすれば、このおもわくはいちおう図に当たった。松の廊下での加害者浅野に味方した世間の感情はそのまま延長して、殿中桔梗の間での加害者佐野にも味方したのであった。

❖公憤説

その一方で、傾聴すべきものに政治的公憤による兇行という説がある。当時、長崎にいたオランダ商館長チチングは、在任中日本研究に異常な熱意を示し、帰国後『日本誌』という書を著した。そのなかに本事件も取り上げられていて、

幕府の封建制度を固守しようとする一派の見方は、意次のほうはすでに老年ゆえ、時が来れば自然に死ぬが、意知のほうは年が若いから、計画するところの革新事業をしとげるだけの余裕をもっている。今のうちにこれを倒さねばならぬと考え、ついに彼を殺すことが決定され、佐野善左衛門がこれを敢行したのである。

と語っている。すでにそのころ反田沼派は、政権争奪のため相当活発に動いていた。五年前の一七七九年（安永八）に死去した家基（将軍家治の一人息子）の毒殺説といい、その二年後に起きた当の将軍家治の毒殺未遂説といい、本刃傷事件といい、一連の政治的テロ事件と見るのが至当であるまいか。背後からの思想誘導、買収、または威（おど）し、そそのかし等で、佐野を追い詰めてここに至らしめたという見方も成り立つ。そのころ詠（よ）まれた町の落首に次のようなものがある。

鉢植えて　梅が桜と咲く花を
　たれたきつけて　佐野に斬らせた

これを見ると、背後で糸をあやつる者がいて、彼をたきつけて斬らせたのだという噂が、当時相当拡がっていたことがわかる。

徳富蘇峰（そほう）の『近世日本国民史　田沼時代』（以下『近世日本国民史』）にも、辻善之助の『日本文化史』にも、佐野が「田沼罪状十七か条」なる書面をふところにしていたとして、その全文を掲げている。いわゆる斬奸状（ざんかんじょう）である。内容を要訳すると、

田沼罪状十七か条（大要）

一、私欲をほしいままにし、御恩沢を忘れ、無道の行跡多し
二、えこひいきをもって役人を立身させ、自覚に引き入れる
三、神祖の忌日一七日に、卑妾を集め酒宴遊興せり。重き役義の者として不謹慎なり
四、成り上り者の家臣の賤女を、お歴々の旗本へ、縁談取り持った
五、蛮国到来の金銀で、神国の通用金を作る。似金（にせがね）は天下の制禁。犯す者磔刑（たくけい）に値す
六、忰（せがれ）意知を、名家の者を差し置き、若年寄に抜擢した
七、大奥に手を入れ、君公をけがし奉る。屋敷にお部屋様を招待し、乱淫をなさんと謀る
八、加恩の節、諸大名領有の良田の地を奪取引替せり。我儘（わがまま）の行跡なり

九、本家の系図を詐取し、己が家を本家の様に致さんと図る
一〇、運上おびただしく取り立て、諸民困窮す
一一、死罪にすべき者を、天下の定法にさからい助け出した
一二、金子を貯え、利子を取って町人に貸し付く。役目柄不似合の行跡なり
一三、他家より追い出された者を召し抱えたり。これすなわち諸家を侮ることなり
一四、将軍お乗初（のりぞめ）に乗った馬・鞍（くら）を拝領、己が乗馬となす。神祖を恐れ奉らざる不遜（ふそん）の行為
一五、縁家土方家の先祖の名を、家にそのまま用いた
一六、武功の家柄の者を差し置いて、己れ立身出世せり
一七、伜意知、諸人困窮の時節に、五千俵も拝領、天下の定法に背くものなり
右十七か条、主殿頭（とのものかみ）一言申開き之無き所の重罪、幸に君寵を得て大役に任ず……云々……。

しかしこの斬奸状は、両書の著者、徳富蘇峰・辻善之助両氏とも偽作であると言っている。その理由は、条文はすべて意次を対象としており、田沼政治の罪科を並べ上げて非難している。これが佐野の本心であるとするなら、意次が狙われていたはずである。それが意次でなくて意知が殺されたところを見ると、これは善左衛門—意知二人の間の私怨の結果とするのが正しい。したがってこの罪状十七か条はなんぴとかの偽作であろうと。

けれども、右の考え方は、視点を変えて見た場合、必ずしも当たっているとは言えない。私

は思う。佐野は初め罪状十七か条なる斬奸状をふところにして意次を狙っていた。ところがその機会に巡り合えず、あるいは警戒が厳しく、斬りこむすきがなくて、なすことなく日を過ごした。次第に彼の心中にはあせりが生じ、

「意知とても田沼父子といわれている田沼派の重鎮。彼を倒すことも重要事。」

という考えを起こし、目標を拡げて意知をも加え、ひそかにその機のくるのを待っていた。たまたま意知刺殺の好機到来に、とっさに斬りかかったのである、と。

意知の供養碑（牧之原市相良，平田寺）

このように考えた場合は右罪状十七か条は偽作でなく、本物として生きてくる。

同じころ、松平定信も意次を刺し殺そうとして、懐剣をしのばせて狙っていたが、ついにつけいるすきがなかった。そこで彼は途中から方針を変え、田沼の家に頭を下げて行き、金銀を贈ってようやく溜間詰（たまりのまづめ）になれたと、のちに彼自身が語っている（詳細一六二ページ）。

そのうえ、兇行現場が政治の中心「殿中」であることも考え、それやこれや総合してみた場

合、これは政治的テロ事件とするのが正しい見方であると思う。

このように旧来の私怨説の影が薄れ、公憤説が大きく浮かび上がってくると、本刃傷事件は、その後に起きた大政変に重大な関連をもつことになる。そうだとすればこの事件はかつての元禄時代の浅野―吉良事件とは比較にならないほどの歴史的大事件として取り扱わねばならぬこととなる。

さて、その田沼意次とはどんな人物か。田沼政治とはいかなるものか。

また、大政変の全貌は？……そして、日本史全体に及ぼした波紋は、いったいどのようなものであったのだろうか。

意次の生い立ち

❖田沼家先祖

田沼氏の先祖は下野国阿蘇郡田沼村の住人で、田沼の姓はその地名に由来している。初代重綱が佐野家から分かれて一家を立てたのは一二二四年（元仁元）である。栃木県佐野市田沼町に現存する西林寺は、この重綱が開創した寺であり、彼はまた従五位下に叙されている。地方では相当高位の武家であったらしい。以来四〇〇年、戦国武士のこととて盛衰常ならず、その居も、下野・上野・武蔵・下総・相模・甲斐と転々している。それでも田沼家の先祖は、死後ほとんどこの寺に葬られている。

一二代目吉次は、鉄砲射撃の天才的妙手といわれた。当時彼の主人であった佐野氏が大坂勤めに出た時それについて行き、その地にいるうちに彼の特技が紀州藩の耳に入り、召抱えたいという交渉をうけた。

西林寺の墓地にある田沼家先祖の墓（栃木県佐野市田沼町）

当時、紀州藩の鉄砲組というと全国的に有名であった。紀州藩では、現代、各球団が有望選手を集めるように、鉄砲の特技のある者を探し求め、好待遇で召抱えていた。そして、紀州藩の鉄砲組へ入ることは若人の誇りであり、あこがれであった。

吉次にとってはまたとない良い話であり、主人の同意を得て勤務替えし、そのまま和歌山に住みついた。一六一五年（慶長二〇）五月のことというから、大坂夏の陣のころである。

それからのち一〇〇年間、田沼家は、吉次・吉重・義房・意行(もとゆき)の四代、紀州侯に仕えていた。吉次と吉重の二人は和歌山の金龍寺に葬られ、そのころの家族の墓とともに、同寺裏山墓地に現存している。墓には、

自撤道済居士　寛文十二壬子(みずのえね)年正月十九日（吉次）

雲岑了興居士　延宝八庚申(かのえさる)年七月二十一日（吉重）

と刻まれている。この戒名を見ると居士(こじ)号のある士分で、

当時相当の地位であったことが知られる。義房は病弱のため比較的早く退官し、剃髪（ていはつ）したという。

父　母

意次より3〜4代前ごろの先祖の墓（和歌山市，金龍寺）

　そのころの紀州徳川家をみると、家康の曽孫にあたる当主綱教（つなのり）に男子がなく、その没後に家を継いだ弟の頼職（よりつね）はわずか三か月で病死した。そこで丹羽（にう）三万石の分家を継いでいた末弟の主税頭（ちからのかみ）（吉宗）に番が回ってきて、庶子ながら御三家紀州藩五五万五〇〇〇石の藩主の座についた。吉宗は頭脳明晰（めいせき）、意志強固な人で、傾きかけていた藩政を建て直した。実力もさることながら、彼ほど幸運な人物も珍しい。長兄・次兄の薄運が幸いし、名門紀州徳川家を相続したが、将軍家において七代家継が八歳で没したので、またしても吉宗は二段飛びして千代田城に迎えられ、八代将軍となった。

　田沼専左衛門意行（おきゆき）は、吉宗が丹羽から和歌山へ来たころ小姓として勤仕していたが、吉宗が江戸へ行く時それに供して旗本に取

り立てられた。一七一六年（正徳六）五月のことである。彼は最初三〇〇俵を給され、一七二四年（享保九）には本郷御弓町に屋敷を拝領、従五位下主殿頭に叙された。『徳川実紀』に、吉宗が公式出御の際、太刀持ち役を務めたことが数度出ている。一七三四年（享保一九）奥向頭取に昇格、九〇〇石に加増された。

この意行は若い時から、万事ぬかりなく気のつく質の秀才型で、算数にはとくに優れた才能をもっていた。下役より身を立てた者だけに、下僚にはいたって親切で、思いやり深く、周囲の人びとと如才なくつき合うので、評判はごく良いほうだった。また向学心もきわめて強く、いつのころからか歌道家元冷泉為久に師事して勉学に励んだ。

『有徳院殿（吉宗）御実紀附録』に、

日光御社参に洩れた成島道筑信遍が、淋しい心境を和歌にたくして、

あぢきなく　頭の雪と降りはてむ　黒髪山も登り得ぬ身は

と詠んだのを、田沼意行が、その友のために吉宗公に言上した所、いとあわれがらせ給い、殊更に召して十三経を賜わった。

とあり、さらにまた同書に、

近臣　田沼主殿頭意行、小堀土佐守政方・巨勢大和守利啓、大島近江守以興、ならびに成島道筑信遍等に命じて、武蔵国九名所の和歌を詠進せしめられ、御屛風に納められた。

と記載されている。これらにより、彼が当時指折りの歌人だったことを知ることができる。

　そのころ下野の郷士の娘で、才色兼備、楊貴妃か小野小町かと噂された辰という女がいた。当時、宇都宮に八橋弾蔵という琴の名手がいて、彼女はこれについて学び、その奥義を極め秘曲をみな伝授されたという。草深き田舎に果つるも惜しきことと、人からすすめられるままに江戸に出て、紀州藩江戸屋敷御家人田代七右衛門高近かたへ腰元奉公にあがった。もとより稀にみる才女なので、いよいよ高近夫妻の気に入られ、乞われてそこの養女となった。この田代七右衛門は意行の叔父にあたり、若い意行が非番のたびごとに田代家に出入りしているうちに、辰と懇意になった。誰が見ても似合いの夫婦と、七右衛門夫妻のはからいで二人は結ばれた。

　しかし結婚後一年過ぎ、二年過ぎても子宝に恵まれず、それがただ一つの不足であった。その当時の世のならわしとして、願いごとのある時は神社仏閣に祈誓をかけることが行なわれていた。意行夫妻も、日ごろ信心している七面大明神に「なにとぞ一子を授け給え」と、心をこめて祈願した。その神願の結果であったろうか、女房辰はほどなく懐妊し、一七一九年（享保四）七月二七日男児が出生した。これがのちの田沼意次である。幼名を龍助と名づけられた。

❖少年期

　待ちに待ってようやく授かった嫡男龍助は、両親の愛に守られ、病気一つせず成長していった。〝栴檀は双葉より芳し〟とか、人に優れて利発で、書・画・歌はいうまでもなく、舞・謡・鞠・茶の湯・将棋など、六芸一つとして長じぬものなく、人びとはみな稀代の童児よとたたえたという。

一七三二年（享保一七）七月、龍助一四歳の時、父に従い正式に吉宗公にお目見え賜わって西の丸の小姓にあがり、一七三四年三月から三〇〇俵拝領することになった。

江戸城内は、国政を執る政庁――すなわち、本丸御殿と、それに続く将軍家の住居――と大奥、将軍継嗣の教育所または前将軍の隠居所に使う西の丸の三つに区分されていた。そのころ西の丸には、吉宗の長男家重がいた。小姓は五人で、大久保半五郎（二〇歳）、能勢左伝（一九歳）、滝川求馬（一七歳）、高木幸之助（一五歳）それに田沼龍助（一六歳）だった。ことに龍助は母の美貌を受け継いだきりょうよしのうえに、骨身惜しまずまめまめしく動くので、誰にも愛されていた。

主君家重は健康もすぐれず、ことに言語障害が重かった。大岡忠光という側臣がいて家重の言葉をよく聞きわけて用を足していた。彼はその特技がもとで、初め三〇〇石の小身から累進し、のちには側用人になり、武蔵国岩槻二万石の城主になっている。龍助は、この先輩大岡忠光を見習い、家重の言葉をよく聞きわけるように努力し、ついに忠光と同じほどに対談できるようになった。そのため家重はかたときも龍助を側から離さないようになったという。ある時、つぎのようなことがあった。

家重は庭前の流れで釣糸を垂れていたが、急に立って「ヘサシを持て！」と仰せられた。ちょうどその時は、龍助が所用中でその場にいなかったので、一人もその意味がわからず、家重はいよいよいらだって、しきりに「ヘサシ」「ヘサシ」と叫んでいた。お側の小姓たちがほとほともてあましていたところへ龍助が帰ってきた。彼がそれを聞いて「餌(え)さし竿」を持ってきて差し上げると、急に家重の機嫌(きげん)が直ったという。

『名産相良和布』（左）・『安明間記』　ともに田沼意次の一代記である。

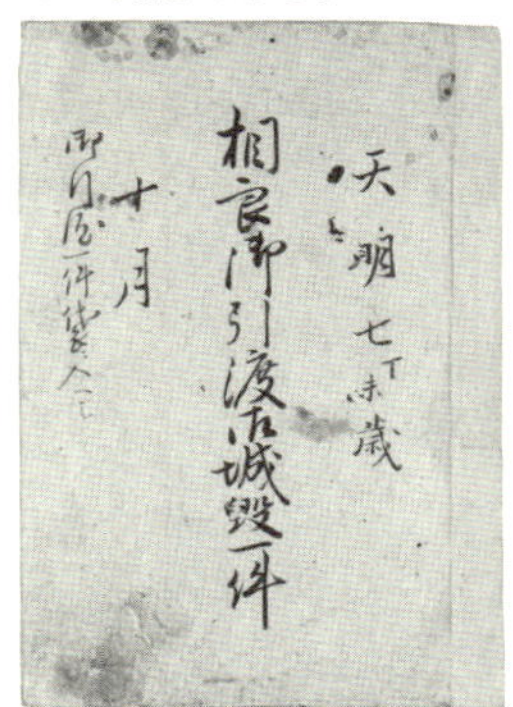

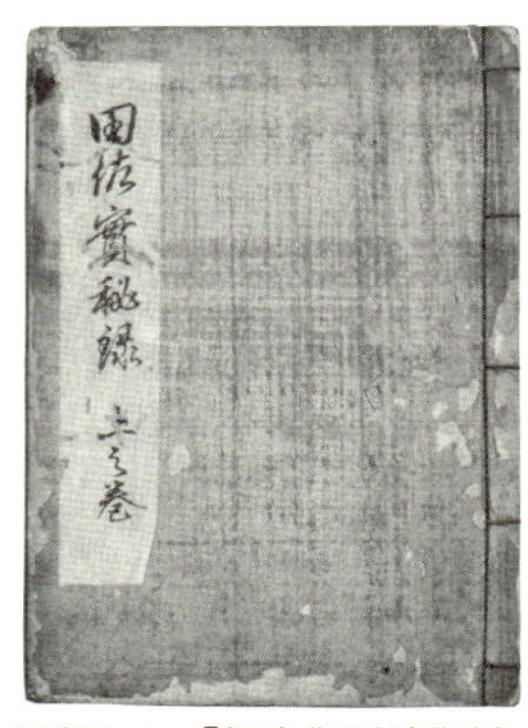

相良城の開城と取り潰しを記録した『相良御引渡御城毀一件』と意知刃傷事件を記した『田佐実秘録』（上の４点は全て静岡市後藤氏蔵）

龍助は、家重が常に「エ」を「ヘ」と発音することをよく心得ていたので、これは魚釣りにあきて、鳥をさそうとするのであろうと、即座にさとったのである（『相良史』）。

一七三四年（享保一九）冬、父の意行が病に倒れ危篤状態に陥った時、龍助を枕辺に招き、

我等夫婦、子なきことを悲しみ、七面大明神に祈誓をかけ、丹誠こめて祈った結果そなたを授かったのである。よってそなたは七面大明神の子である。このことを忘れずに、信心を怠ることなかれ。これより家の紋を改め、七面様の七曜紋をいただき、わが家紋と定めよ。

と遺言した。これにより今まで〝丸に一〟だった家紋を〝七曜星〟に改めた。

❖修学

一七三四年一二月一八日、父意行が病没し、翌年三月四日、龍助は家督を相続し、同時に元服した。そして意次と改名した。

越えて一七三七年（元文二）、一九歳の時、叙爵仰せ付けられ、主殿頭となった。

これよりさき、老中松平乗邑は、言語障害があり、頭も良くない家重を廃嫡し、次男宗武を将軍継嗣にしようとした。しかし吉宗は、「徳川将軍職は賢愚によって定むべきでない。あくまでも血脈の序は乱さぬ。」と言って、長男家重に九代将軍を継がせる決意を変えなかったという説もある。吉宗は、家重の教育にはもっとも心を尽くし、当時第一級の大学者室鳩巣を侍

講に起用した。鳩巣没後は引き続き学界の権威者をして当たらせた。龍助は、常に家重の側近にいて一時も離れず、教授らの講義を洩らさず聞き、家重の学習を助けつつ自ら修得していった。最高の執政者たる実力は、この小姓時代に、勤務の傍らこのようにして身につけたのである。

亡父意行の一三回忌記念に、父の遺作和歌集を作り、意次自らその序文を書いた。今もそれが残っている。

亡父主殿頭意行弓矢とるかたへに　和歌のみちにも心をよせて　つねに冷泉亜相為久卿の教えをうけ　月花のおりふしおもひをのへ侍りし年頃の詠草の　手箱に残りしうち　冷泉殿合点賜はりしを有増取集しに　意行世にありしころ　親しかりしとも　成島信遍のぬしの是をかきあらためん事を　桑村佳孝といへる人をしていいをくられしは　まことに音を知のちぎり浅からぬ事に思ひて　やかて佳孝にうちまかせ侍りしに　とりはからひてかく一の巻とはなりぬ　かかることともいふはかりなきふしを　短き筆にかきとめて　成島うちのもとへ　述懐の歌なとよみ送り侍りし　父の読置侍りし詠草の　みたれ残りしをかきあつめ　一まきとなしてあたへ賜はりし人の浅からぬこころを　猶一首の金玉に書あらはして

よみおきし　ことのは草の　露の玉

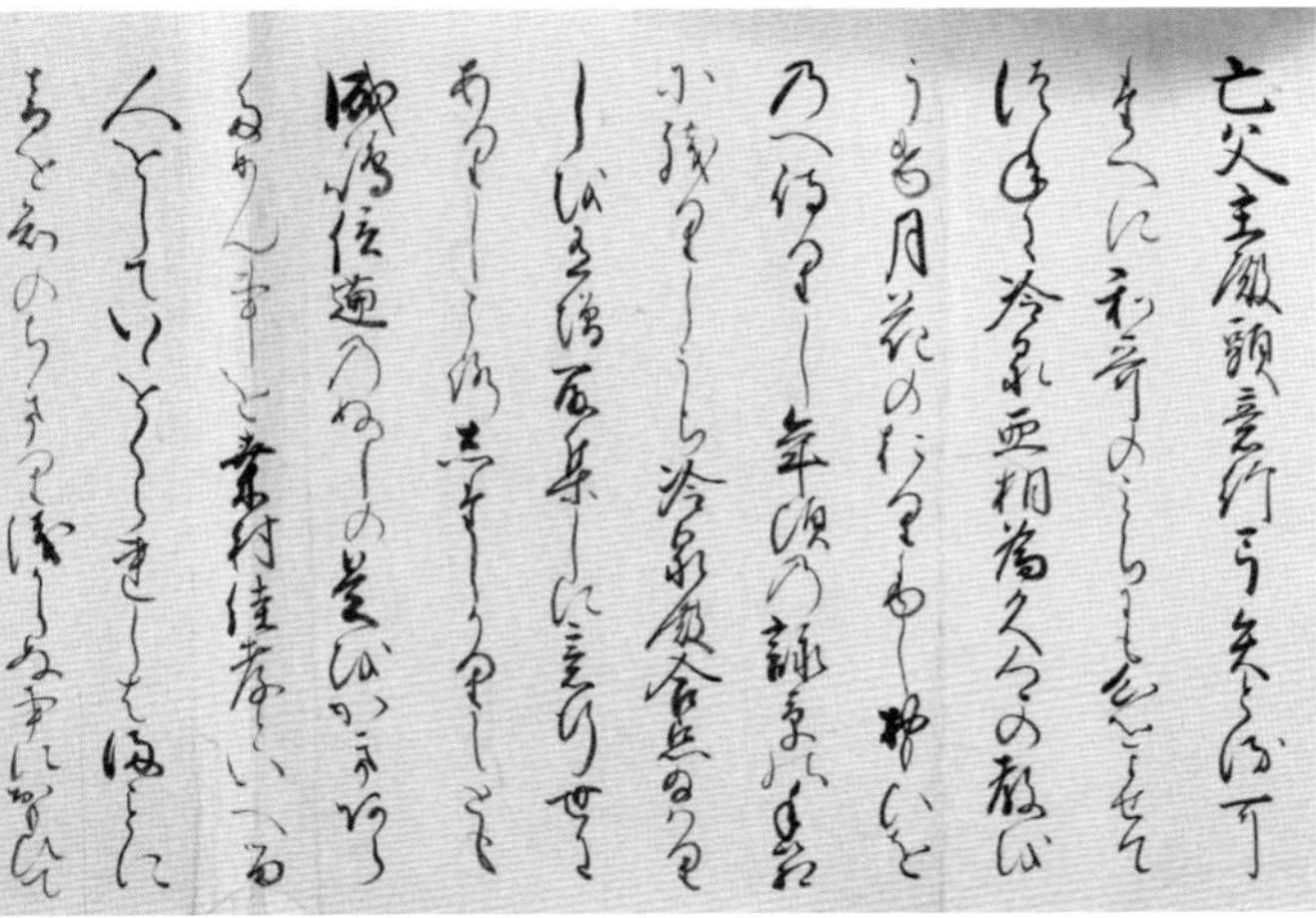

意次27歳当時の筆跡と文章（部分，横浜市田沼宗家蔵）

　　きゑても消ぬ　光りをそみる
とありし返しに
かきとむる　人の情の　ふかければ
　　きゑても消ぬ　露のことのは
わすれしな　ことはのふしも　なき玉の
　　光りをみかく　ひとのこころは
　　佳孝のもとへ
さり□□父の詠草を合一巻となしておくられし浅から
ぬ中にも　とりわきてもののふのみちにもかねてまな
へとや後の教を残すことのはとそへ賜はりしに猶した
ひ侍りて
　　よみをくる　ことはの露のひかりをも
　　　　しるへとたのむ　しき嶋のみち
延享二乙丑（きのとうし）年季秋　　主殿頭　源意次 ㊞
これを見るに、文章はひとかどの国学者、筆跡は名だた
る書家に迫るほどの見事なもので、二七歳の青年の作とは

思えぬ立派な作品といえよう。

それも大名になってから後のものならば、あるいは家臣に書かせたとも考えられるが、若い小姓時代の作であり、なお、家庭的のものであるから自作自筆にまず間違いないと信じる。

従来田沼は「出自も低く、学問・教養はなく、単に政界遊泳の術に長けた小才子。」と酷評されてきた。しかしこの歌集序文を見れば、そして後に出てくる遺書や将軍宛の上奏文などを見れば、今まで言われたような無教養の小吏でないことがよくわかる。

❖勤仕ぶり

一七四五年（延享二）吉宗が隠居し、家重が予定通り九代将軍となって本丸へ移った。同時に意次も本丸へ移った。吉宗は隠居したとはいえ、家重が前記の通りで政務をまかせられないので、大御所として居残り、実権を握っていた。意次が吉宗に直接仕え、その薫陶を受けたのはこの大御所時代六年間のことで、彼が国政運営の術を体得したのは、その間のことと考えられる。二七歳まで西の丸で身につけた基礎学問が、初めて役に立つ時が来たのである。当時よほど吉宗のお気に入りだったらしく、翌年小姓頭取に昇格、翌々年一五〇〇俵に知行増し、引き続き翌一七四八年（寛延元）に二〇〇〇石に加増され、その年小川町屋敷を拝領している。

一七五一年（寛延四）、意次三三歳の時に吉宗は没したが、意次は相変わらず九代家重に信頼され、重用された。その年、御側御用取次役に昇進、一七五五年（宝暦五）には五〇〇〇石に加増された。家重はほとんど後宮にいて、政庁の方へはあまり出なかったという。意次はそういう将軍と、幕府の高官らとの間、その他お城に出入りする諸大名らの間を、如才なく立ち回った。ことに役職や家格を上げる取り持ちには積極的に尽力し、大名や旗本らとのコネクションを深め、着々と自分の地盤を固めていった。彼は月のうち二〇日は城中に寝泊まりしたという。たまにお暇をいただいて屋敷に下がった時は、休養どころか来客責めで、夜一〇時前に寝たことはなかったという。一七五八年（宝暦八）四〇歳の時、大名の列に加えられ、相良一万石の地を拝領した。

家重が没した時、意次は四三歳だった。家重は死にのぞみ、当時二五歳になっていた一〇代家治に次のように遺言したことが、『徳川実紀』に載っている。

田沼主殿頭意次を厚く待遇なし給ひけるが、惇信院殿（家重）御眷注（けんちゅう）深き人にて、大漸（死）にのぞませ給ひしとき、主殿はまとうど（全き人）のものなり。行々こころを添て召仕はるべきよし、御遺教ありしにより、至孝の御心よりなを登庸もなされしなるべしと、古き人は今もかたり伝ふ。

このような家重の遺言もあって、一〇代家治も、特別に意次を重用したのであった。

彼が相良藩主であった期間は足掛け三〇年。その間、相良へ来たのはわずかに二回きりである。最初のお国入りは、初めて藩主となった年の翌春、一七五九年（宝暦九）二月と、つぎは相良城の落成した一七八〇年（安永九）四月、新城検分に帰国して一〇日間滞在したが、生涯にこの二回だけである。江戸と遠州相良の間は、それほど遠いというほどでもないのに、容易なことでは足を運ばなかった。それは、公私・軽重のけじめをつけ、文字通り君側を離れず忠勤していたからであろう。

9	8	7	6	5	4	3	2	1	
				銀					一
			角		桂				二
		飛				香			三
	銀			金			と		四
歩			桂	玉	歩			と	五
	歩			歩			と		六
		金				と			七
			金		桂				八
				角					九

持駒 香 歩

詰手順
6六金 同 玉 7六飛成 同 玉 7七金 8五玉
8六金 7四玉 7三角成 同 竜 7五金 6三玉
7三銀成 5二玉 5三香 同 金 同桂成 4一玉
5二金 同 銀 同成桂 同 玉 5三歩 4三玉
4四歩 3二玉 3三飛 2一玉 2二銀 同 玉
2三と 2一玉 3二飛成 1一玉 1二竜まで

家治『将棋攻格』の一部

❖将軍家治

家治は、父家重に比べれば頭も良く、子供の時は、祖父吉宗にことのほかかわいがられたという。ごく鷹揚（おうよう）な性質で、お召物も近習の者が替えてやるまで幾日でも着替えようとしなかった。また調髪なども、側近の注意がないといつまでもかみそりを当てなかった。

しかし将棋だけはなかなかの腕前で、『将棋攻格』という詰将棋の書を著したことが、『徳川実紀』に載っている。それは「まぼろしの棋書」といわれていたが、近年、内閣文庫に眠っていた原書が発見された。前図はそのなかの一つである。盤面整然と菱形に並んだ駒の中心に玉が座し、それが最後に「1一」の雪隠（せっちん）で詰むという興味ある曲詰（きょくづめ）である。家治は七段を贈られていたといい、別に名人伊藤看寿との実戦譜も残っている。

宝暦の末ごろ七世名人が没してから後、二〇数年間、名人位は空位のままになっていた。それは将軍家治に名人位を贈ろうとしていたためだといわれている（『将棋文化史』）。

意次も将棋をたしなみ、四段を許されていたというから、家治のお相手は、たまにはしたと思うが、対局記録がないので、彼の実力はまったくわからない。

昔は将軍家はもちろん、地方大名家でも、側妾をおくことは常識となっていた。ところが家治にはそれがなかった。正室は京都の閑院宮直仁親王（かんいんのみやなおひと）の姫倫子（ともこ）で、絶世の美人といわれた。二人の仲もいと睦（むつ）まじく、家治がその気にならなかったらしい。しかし子供が女子のみでまだお世継がない。そこで周囲の者が心配して、老女松島の子飼いのお知保を推薦して差し出し、将軍の側室にした。このお知保の方が、後に世子家基を産む津田夫人である。

意次もそれまで側妾はなかったが、家治と同時に、初めて側妾をおくのである。しかもそれはお知保の方の知り合いの女であった（医師千賀道有を仮親としてきた）。それが田沼のためにはいたって忠良の人物で、家治の側室津田夫人や、大奥の権力者老女松島ととくに懇親を重ね、奥女中らには上から下まで、何かというと贈り物をして歩いたという。『続談海』に当時要路に当たっていた人々の評判番付があって、そのなかの意次の条に、「第一、奥女中のひいき強く……」とある。女は概して物欲には弱いものである。そこへ好男子の田沼からつぎつぎに贈り物がきては、彼女らの心のなびくのは当然である。大奥という存在は、当時江戸城内に隠然たる勢力をもっていた。しかし男禁制の一線があって、すべて男性は近づくことのできない特別地域であった。そういうなかであまりに彼の人気が高まったので他の男性の嫉妬を買い、敵を作ったということもあったらしい。

❖側用人・老中

意次は、家重時代から引き続き御側御用取次を一六年間も務めてから、一七六七年（明和四）七月、四九歳の時、側用人に昇格した。それまでの七年間、意次の直接の上司だった側用人板倉勝清は、彼より一三歳年上。当時上野国安中三万石の城主だった。意次はこの勝清とも緊密に手を握り、その片腕となってよく尽くした。この人はかつて一七四六年（延享三）九月から三年間、遠州相良一万五〇〇〇石の領主だったこともある。勝清は側用人を意次に譲ってから後、老中になったが、その後も長く田沼と懇親を重ねている。

側用人という役は、常に将軍の側近にあって、将軍の命を老中に伝え、また老中の上申を将軍に取り次ぎ、また将軍の相談にも乗るという役で、老中に準ずる待遇を受けていた。しかしその立場上、老中を抑えて側用人が国政を左右した、いわゆる側用人政治の時代でもあった。五代将軍綱吉時代の側用人柳沢吉保はその代表的人物である。原則として定員は一人であったが、それを置かない時期もあって、江戸時代全期を通じて側用人になった人は三〇人である。

意次は、一七六九年（明和六）八月には、側用人の役はそのままに、兼帯で老中格に補せられた。また評定所の会議でも重要な地位に挙げられたことが、『徳川実紀』に、つぎのように記されている。

> 八月廿三日令せられしは、田沼主殿頭今より後は、評定所の会議宿老の輩と互に参るべし。よりて主殿頭意次が参る日誓詞あらば、意次が名を用ふべしとなり。

意次と板倉勝清が入閣したこの時の老中の顔ぶれは、筆頭が松平武元（たけちか）、ついで松平康福（やすよし）・松平輝高・阿部正右（まさすけ）の四人であった。

松平武元は上野国館林六万一〇〇〇石の城主で意次より五歳年長、すでに二〇年前老中になっていた大先輩である。その後一二か年、六七歳で没するまで在職している。江戸幕府全期を通じ老中になった人は一七二人あるが、武元は一番長く、老中在任期間は三二年に及んだ。

松平康福は岩見国浜田六万石の城主。一七六三年（宝暦一三）に就任し、一七八八年（天明八）まで二五年間、老中を務めている。腕のある政治家ではなかったが、円満な好人物だったという。その娘は、意次の長子意知の室になっている。

松平輝高は上野国高崎六万二〇〇〇石の城主。一七五八年（宝暦八）から、一七八一年（天明元）で生涯を終えるまで通算二二年間老中を務めた。

阿部正右は備後(びんご)国福山一〇万石の城主。一七六五年（明和二）から一七八六年（天明六）まで二〇年間老中を務めた。

江戸幕府開府から現代にいたるまで、これほど閣僚に移動の少ない時期は稀であろう。右の長期勤続老中四人と、この時入った板倉と田沼の計六人は、その後一〇余年間、閣僚の出入りがほとんどなく、緊密に手を結んで国政を担当した。田沼が抜群の手腕家で、実際には彼の力が推進力となっていたので、この時代を世に「田沼時代」というが、武元在世中は武元が筆頭の座から動いていない。また武元没後は、先輩松平康福を筆頭に立てている。さらに一七八四年（天明四）には、彦根侯井伊直幸を大老の肩書で入閣させた。後世「田沼は、おのが出世の妨げとなる上役をば手段をかまわず排除し、暗殺までもした。」と中傷する者もいたが、該当する人物は一人もない。閣僚人事を見てもわかるが、むしろ田沼は、謙譲の徳を備えた人物といえるのである。

❖門前市をなす

九州平戸藩主松浦静山(まつらせいざん)（清）著『甲子夜話(かっしやわ)』に、田沼邸訪問記がつぎのように記されている。

先年田沼氏老中職にて盛なるころ、私二〇歳くらいの時、出世の糸口はないかと思い、しばしば彼の邸に行った。まず面会を申し入れ、奥に案内されたが、その部屋は三〇畳ほどの所だった。他の老中の座敷は、大方一列に居並び、障子をうしろにして座るのが通例であるが、田沼の座敷は、両側に居並び、中間に幾すじも並び、なおあふれて座敷の外の廊下に幾人かおった。その人びとは、主人が出て来ても顔も見えないほどである。

　主人が出て来て客に逢うとき、外では、主人と客とは余程離れて対座し、挨拶するのが常であるが、ここでは席に溢（あふ）るるほどの多人数ゆえ、客と主人とは膝（ひざ）を突きあうありさまであった。いかに繁昌とはいえ、礼を失するというべきである。

　さて佩刀（はいとう）は、とって次の座敷に置くことになっているが、このような客の数ゆえ、刀とてもおびただしい数に上り、海波を画いたように見えた。

　またある時は、公用人三浦某の取次で約束の日に出掛けたところ、数多い来客で、謁見室では容易にお話ししにくいからとて、別席の小座敷へ通し、ひそかに面会した。陪臣（ばいしん）のくせに私を軽く扱いしこと、世にも稀なることである。

（最後のくだりに陪臣（またげらい）とあるが、田沼は将軍の直臣である。著者松浦静山の思い違いか）

これを見ると静山二〇歳というから、意次六一歳の時のことである。今を時めく老中が、二〇歳ばかりの青年と、いきなり膝を突き合わせるほど近くで気軽に面会したのである。田沼は、ほかの殿様連のような権式張ることはきらいで、現代の大衆政治家に似た軽快明朗な人物であったらしい。そのうえ、人をそらさぬ話術の妙は老来ますます冴えて、その門に集まる者は日に日に多くなってゆき、いつとはなしに一つの党派のようなものが形成されていった。

❖遺　書

意次は晩年、子孫のために家訓ともいえる遺書を書いて残している。人というものは、他人に対しては体面を考えていいさいの良いことを言うものである。しかし妻・子・孫など家族の者となると、気取ったり飾ったりする必要はなく、真実の言葉が出る。ましてや後世にまで残す遺書である。心にもない虚言を並べるわけはない。この書は、意次自身が一生を通じて信奉してきた実験済の処世信条を、そのまま後代の人びとにも長く絶やすことなく続け守らせたいと念じて書いたものである。田沼意次の思想……処世信条を、これほど具体的に詳記した資料はほかにはない。意次真筆の原本とその写しが田沼宗家に受け継がれ、毎年正月、家中一同聴聞（ちょうもん）の式がなされてきたものである。

遺書大意

人道といい、学問・芸道といい、今日ではわがまま勝手な行ないが多々見受けられるようになった。これは教え方が悪いのではなく、学ぶ者の心得違いではなかろうか。わが子孫や家臣らは、道にはずれた行為をせぬよう、切に望む。

左の七か条、とくに心を留めおかれよ。毎年正月一門の者たちを集めて聴聞の式を行ない、末代まで怠りなく守ってもらいたい。

第一　御忠節の事、かりにも忘却してはならない。当家は、家重・家治両御代、比類なき御高恩を蒙った。その殊寵、忘れては相済まない。

第二　親に孝行するはもちろん、親類縁者とも親しくし、ねんごろにつき合うこと。

第三　友人、同僚など、交際している人々とは、裏表なきよう心がけよ。目下の人々にも人情を用いる所は同様にすべきこと。

第四　家中の者をあわれみ用い、賞罰にえこひいきがあってはならない。しかし臣たる者は、いつでも一身もって主命に従う本分を忘れてはならぬ。

第五　武芸の儀は怠らず心がけよ。ことに若き者達は別して出精せしむべく、時々は自身出向いて奨励するがよい。余力をもって遊ぶことは差留めるに及ばない。

第六　権門・御大身の家々には、無礼なきように気をくばり、公事は、いかほど軽く見えることでも、念を入れることが肝要である。

第七　勝手元不如意で、貯えなきは、一朝事ある時、役に立たない。御軍用さしつかえ、

田沼意次真筆の遺書（部分，横浜市田沼宗家蔵）

武道を失い、領地頂戴の身の不面目、これに過るものはない。

この一条はとくに重要なるにより、別紙を添えておく。

右の条々、厳しく相守り、違背なきよう心がけよ。この余のことは、人道の正しきに従い、心を用いて行動せられたい。

別　紙

大身小身とも、総て経理のことは同じ理で、収納の面では、予定以上にふえることはないが、凶作などで時に減ずることはある。支出の面では、減少することはないが、不時の出費が生ずることはしばしばある。この収納の臨時減と、支出の臨時増は、たとえわずかずつでも、その出入り、数年を重ねる時は、うれうべき結果を招くのである。

借金した場合は、その利金ほぼ一〇分の一と考え

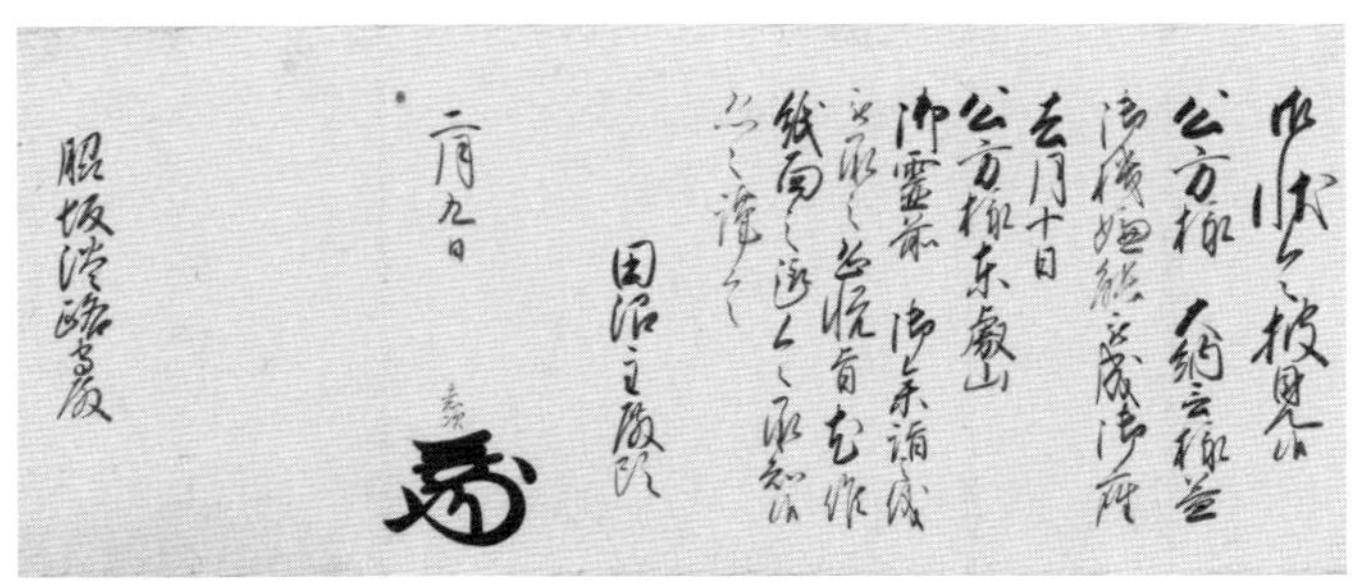
二月九日
田沼主殿頭
脇坂淡路守殿

田沼意次の書翰

5万石龍野城主脇坂淡路守に宛てた書状で，天明6年2月9日のものである。花押は，意次の2字の「草書合体型」である。（静岡市後藤氏蔵）

ねばならないから、一〇〇〇両借りればその時から知行一〇〇両分減らされたと同じである。利子の支払いと元金の償還のため、そこからさらに無理な借金をしがちであり、それが重なってますます増大し、大借金になった例は世間には極めて多い。

常に心を用いて、いささかも奢りなく、油断せずに要心せられよ。もし、よんどころない仕儀に立ち至った際は、深く心にかけ、上下一致、抜本的な策を立て、その場限りの小細工はせぬがよい。

領内の取立て、無理に強く申付けることは慎まねばならぬ。すべて百姓町人に対して無慈悲な扱いをしてはならない。家の害、これに過ぎるものは無い。

正道を以て万事を処理すること、くれぐれも忘れてはならない。

以上

Ⅱ

田沼政治の母胎

吉宗時代とその前後

❖金銀の海外流出

お犬様がまかり通った五代将軍綱吉（一六八〇―一七〇九）のころは、上下とも太平に慣れて人心はゆるみ、いわゆる〝元禄時代〟を現出した。初め上方（かみがた）地方に限られていた華美ぜいたくの風潮は、ようやく江戸に及び、さらに年月がたつにつれて地方都市へ浸透してゆくのであった。当時の大学者新井白石は、徳川の初めから五代綱吉が没するまでの一六七年間に、外国に持ち出された金銀の額を、

金　九五九万四〇〇両

銀　一四九万六八三八貫

と算当している。家康が没した時、徳川幕府の所持した金銀は江戸城に四〇〇万両、駿府（すんぷ）城に二〇〇万両、計六〇〇万両蓄えられていた。国内産金もあったとはいえ、莫大な海外流出には

追いつかず、一七一六年（享保元）八代吉宗の相続したころは、幕府の金蔵は底をついていた。そのうえ元禄時代に行なった悪貨政策――すなわち「慶長金銀」を鋳直して、金銀含有量の少ない「元禄金銀」を出したこと――によりインフレを招き、物価が異常に高くなっていた。六代家宣（在位三年半）、七代家継（在位三年）の時代、それに悩みとおした。一七一四年（正徳四）幕府はついに思いきって通貨改革に踏み切り、「慶長金銀」とほぼ同じ品位の金銀の製作に取り掛かった。八代吉宗もそれを継承して実施した。これは一応成功したかに見えたが、物事は一概にそう簡単にいくものでなく、通貨価値が上がって、通用量が減ると、デフレを招き、物価が下がってきた。目的どおり効果は上がったわけだが、困ったことに米の相場がひどく下落し、当時人口の大部分を占めていた農民が困窮疲弊してきた。その農民よりもさらに苦しんだのは、米を収入源としている幕府自身であり、諸藩であり、米を俸禄として支給されている武士階級であった。

❖享保改革

吉宗という人物は、質素倹約を最高の美徳と信じ身をもって励行し、紀州藩の財政建て直しも、極端な倹約主義で成し遂げた。彼は八代将軍となってからの幕府財政の建て直しにも、さきに紀州で実行したとおりの方針で、厳しい倹約令を出し、極度に支出の節減をはかった。そしてついに米租の増徴に踏み切るのであった。
一七二二年（享保七）には「御恥辱（ちじょく）をも顧みず」と付け加えた布令を出し、各大名に、領地の高一万石につき一〇〇石の割合で米を供出させた。この制を「上米（あげまい）」といい、その後九年間、一七三〇年（享保一五）まで続けられた。

天領（幕府直轄地）については、租率を上げたり、新田開発をしたり、あらゆる手段を講じて増徴をはかった。吉宗お気に入りの勘定奉行神尾春央（かんおはるひで）が、
「百姓から年貢を取るのは、ゴマから油を採るのと同じで、絞れば絞るほど出るものだ。」
と放言したというのは有名な話である。

こうした庶民の犠牲によって幕府の財政はようやく好転した。一七三二年（享保一七）以後一〇年間で米四万八〇〇〇石・金三五万四〇〇〇両、一七四二年（寛保二）以後一〇年間で米七万五〇〇〇石・金九六万両という黒字を計上するにいたった。それにより、幕府御用史家らはいっせいに吉宗を〝幕府中興の明君〟とたたえ、宣伝した。

吉宗は、他の将軍のように老中まかせの政治はせず、将軍親政を実践した。見るべきものに、戸口調査の実施・刑法の制定・天文台の設置・防火組織の整備・無料診療所の設置・洋書輸入禁止の緩和・新田の開発・風俗の矯正（きょうせい）・人材登用・士風の振作（しんさく）等があげられる。これが後世「享保改革」と称される政治である。ただここで注意を要するのは、吉宗が、

「士は士らしかるべし。万事、権現様のなしおかれたる通りこそ然るべけれ。」

と言ったように、基本的には、家康時代への復帰を指向したことである。彼の目には、ひとえに徳川家の天下のみがあり、家康時代へ復古してでもお家の安泰を念願するところに、いわゆる享保改革の指導理念があったのである。

❖米将軍

吉宗は後に「米将軍」といわれたほどに、彼の後半生は米価問題に振り回された。年貢の増徴と定免制の採用によって、民間の出廻り米が豊凶によって著増著減するようになり、したがって米価の変動がはなはだしくなった。一七二〇～二二年ごろ米一石が銀七〇匁から八〇匁であったのが、だんだん下がり、一七二九～三〇年ごろには二〇数匁までになった。それが三二年になると、近畿以西がイナゴの大群に襲われて一六万九〇〇〇人が餓死するという、いわゆる享保の飢饉に見舞われた。

飢饉の流言と米価の急騰で江戸市民の不安はつのり、翌年一月江戸で大規模な打ちこわしが起こった。米の値の高いのは、米屋が買占めをしているからだという噂が立ち、いきどおった大衆が米屋を襲った。将軍のお膝元で打ちこわしが起きたのは、これが最初である。

ところがその年の夏、麦の豊作だったことから米の値も下がり始めた。下がり口があいたら今度はとどまるところなく、幕府はその対策に苦しまねばならなかった。一時一石銀一五〇～一六〇匁まで上がった米価は三五匁まで下がり、急いで米の最低値段を定めたり、出荷の調整をするというありさまだった。こんな時一番苦しむのは生産地の百姓たちで、地方各地で百姓一揆が相次いで勃発した。

このひどい不景気も、正徳の改鋳によって通貨の量が収縮したためであるとし、速やかに通貨を増やして流通をよくすべきであるという説が起こり、再転して、質より量の悪貨政策に引き戻すことになった。一七三六年（元文元）に、さきの元禄金銀よりもさらに品質を落とした「文字金銀（ぶんじ）」を発行し、また別に多量の銅銭や鉄銭を鋳造した。

しかしいっこうに経済は安定せず、諸物価はかえって乱調子となり、現物収入と貨幣支出の間にはさまった武士階級の経済上の苦しみは、解消されるどころかさらに悪化した。

壮年にして将軍職についた時、上下から歓迎され期待された吉宗だったが、ついに秋風が訪れ、彼の晩年はまさに行き詰まりの状態であった。こうして一七四五年（延享二）、とうとう隠居したのであった。

❖庶民生活の変貌

随筆本『賤（しず）のをだ巻』（著者森山孝盛）は、当時の庶民生活が時とともに変わっていく姿を、きわめて詳細に解説している。そのなかにつぎのようなことも書かれている。

武士の気風がゆるみ、腰の物も、中味は吟味せず、疵があっても、なまくらでも、お構いなく、上べのみ麗々しく金銀もて飾り立て、見た目だけの美を競うようになった。三味線がおびただしく流行し、お歴々の若衆方、これを弾かない者はないほどである。野も山も朝から晩まで音の絶ゆる間はない。しろうとが芝居の鳴物の拍子を打ち、役者のまねして女がたにまでなって立ちさわぎ、その弊やみがたい。

女芸者がはやり、江戸町中いたる所にひろがり、二人や三人いない町はないほどになった。あまりつのり、吉原・品川の売女の妨げになるといって売女屋から訴えて、女芸者一二、三人、捕えられたということもあった。

そのころ赤坂氷川明神の社地に陰し売女がいて、殊の外繁昌したものだった。この所で、私が子供のころ、三度ほど、淫売女が追い払われたことがあった。松平左近将監殿が執政のころのことである。

豊後節の浄瑠璃は、私の生まれたころからはやりだした。延享の時分は一段と流行した。歌詞は今のように上品なものでなく、平凡な文句だった。河東節とか、半太夫節とかいうものもまだ流行していた。

私の続きがらの永井丹羽守は、京都の町奉行を仰せつけられた。彼が上京する時言うのには、我等奉行として京都に行ったならば、豊後節を停止させて見せると意気ごんで出かけた。しかし時勢の趨く所、いかんとも仕方なかったらしい（傍線は筆者）。

以上により、そのころ早くも庶民の間に、人間性豊かにそして自由な生活を楽しもうとする思想の動き……現代と近似した風潮の起こってきたことがわかる。今までの多くの歴史書では、この随筆本を「田沼時代」のところへ持ってきて語り、このように庶民がぜいたくになり、淫靡の俗風が瀰漫し、武士の気風がゆるんだのは、みな執政者田沼意次の悪政の結果だといって、田沼誹謗の手段にしてきた。しかしその文をよく見ると、文中、松平左近将監執政の時は一七二三～四五年で、意次五～二七歳。また延享の時は一七四四～四八年だから意次二六～三〇歳。永井丹波守京都赴任は一七四六年だから、意次二八歳の時のことである。したがって、武士気質の崩壊や音楽の大衆化が悪風潮であるか否かは別としても、その政治責任を田沼一人に負わせることは間違っている。意次が老中格になったのは、はるか後で、五一歳の時である。

長い間、吉宗時代はもっとも綱紀が粛正されていたと思われてきたが、実は前記のような反動的な風潮が拡がっていたのである。認識を改めなければならない。

❖尊王運動の初声

吉宗の引退から、田沼意次が老中の席に連なるまでの二〇年間、寛延・宝暦の時代は、政治上見るべきもののない、中だるみの時期であった。そのなかで「宝暦事件」ということが起きている。

神道学者竹内式部(しきぶ)は、京都において各公家から天皇にまで尊王斥覇(そんのうせきは)の思想を吹きこみ、彼の門に集まる者その数七〇〇といわれた。彼は京都所司代に捕えられ、厳しく尋問された。

官「その方は『今の天下は危うい天下』と申したということだが、はたしてそうか。」

竹「いかにも……その通り申した。論語に『礼楽征伐諸侯より出づれば則ち一〇世にして衰えざることなし。』とあり、私は儒者だから聖賢の言を信じます。将軍は諸侯であるから、一〇代で衰亡するのではないかと思っている。」

と、堂々と法廷で所信を述べた。彼はそれによって伊豆の八丈島に流された。

つぎに明和に入ると、今度は江戸において、山県大弐(だいに)と藤井右門が、式部よりいっそう明確に尊王斥覇の思想運動を展開した。二人は徳川幕府の武断的な政治に対して鋭く批判し、強く尊王を説いたが、一七六七年(明和四)二人とも処刑された。これを明和事件という。

右の宝暦・明和両事件は、早く摘み取られてしまったので、幕末維新の尊王倒幕運動に直接の関連はない。しかしそのころ、新しい思想が芽生え、大胆にも将軍のお膝元で尊王斥覇の論陣を張り、幕府を倒そうとした者があらわれたということは注目すべきことである。

田沼時代の社会相

政治的に沈滞していた宝暦時代を経て明和時代に入り、一七六七年（明和四）七月、田沼意次が側用人になり、間もなく老中に昇った。その後一七八六年（天明六）八月失脚までの約二〇年間を、世に「田沼時代」という。

この時代を顧ると、長い間、幕府の愚民政策によって抑えられ沈滞していた学問・芸術が、「田沼時代」に入って急に目をさまし、日本の〝ルネサンス時代〟ともいえる華々しい文化繁栄時代を現出している。以下くわしく分析し、発展の状況を見るのであるが、驚いたことに、徳川時代全期を通じ、各界最右翼、最高峰の大学者・大芸術家が、ことごとくこの時代に集中して世に出ているのである。国学の賀茂真淵（まぶち）・本居宣長（もとおりのりなが）、医学の杉田玄白、俳諧の与謝蕪村（よさぶそん）、美術の池大雅（いけのたいが）・円山応挙（まるやまおうきょ）、地方明君の上杉鷹山（ようざん）等があらわれ、各分野において画期的な発展昂揚を見せている。国の文化が、故（ゆえ）なくして、その時に限り一時に花を開くということはありえない。時の執政者の指導や鼓吹（こすい）が、無言のうちに実を結んだ結果と見るべきであるまいか。また庶民の生活についても、旧来の評判とは逆に、（飢饉時を除き）きわめて安定していたことは、第三章中「田沼の経済政策」のところで、くわしく解説してあるとおりである。

本書は次章において、彼が直接手を下して執った政策についてすべて詳記するが、その前に、本節で田沼政治の背景ともいうべき当時の世相——社会相を語ろうと思う。しかしこれにしても、田沼の自由解放・封建打破の政策が底流となっていることを見逃してはならない。

❖儒　学

家康はかつて、朱子学の大家林羅山の学才を愛し、高禄を与えて登用し、その子孫も引き続き幕府に仕え、林家といえば幕府学統の中心とされてきた。朱子（一一三〇－一二〇〇）は孔子以後の儒学の集大成者といわれた南宋の大儒である。

それが江戸中期に入ると、朱子学以外の漢学諸派が急に台頭してきたのである。

A　後世の思想の影響を受けない孔孟それ自体に帰ろうとする伊藤仁斎の古学派

B　仏教や道教の影響を受けて孔孟の真意から遠ざかるのに反発し、孔孟以前の先王の道を明らかにしようとする荻生徂徠の古文辞学派

C　これら古典尊重派とは逆に、もっとも新しい明の王陽明の学論に従う中江藤樹の陽明学派

D　それら各学派の長所を採り、独自の学論を立てる折衷派

等々、いくつかの学派が興隆し、多くの学者が江戸や京都・大坂において、おのおの社をつくって隆盛を競うという状況であった。

当時各藩の学校（藩校）は多く漢学を主としていた。全国各地の藩校を創立期別に見るとつぎのとおりで、この時代、急に教育に関する自覚と、学問に対する関心の高まったことを物語っている。

藩校創立期

時期	年数	校数	主な藩校
寛永より正徳まで 一六二四―一七一六	九三年間	一六校	名古屋学問所・和歌山講釈所・岡山花畠教場・会津講所・姫路好古堂・高松講堂・佐賀聖堂・刈谷文礼館 その他
八代吉宗時代 一七一六―一七四八	三二年間	一五校	仙台学問所・盛岡御稽古所・徳山稽古所・郡山総稽古所・広島学塾・萩明倫館・古河盈科（えいか）堂・岡輔仁（ほじん）堂 その他
寛延より明和三年 一七四八―一七六七	一九年間	一九校	熊本時習館・高知教授館・鳥取尚徳館・高崎遊芸館・松本新町学問所・宇和島内徳館・小倉思永斎・松江文明館 他
明和四年より安永・天明 一七六七―一七八八	二一年間	五五校	鹿児島造士館・福岡修猷（しゅうゆう）館・富山広徳館・新発田（しばた）道学堂・米沢興譲館・小浜順造館・福山弘道館・延岡学寮・平戸維新館・人吉習教館・秋月稽古亭・高鍋明倫堂 その他

（『読史総覧』）

❖国学

国学は、字義的にいえば国の学問であり、わが日本国を対象とした学問ということになる。しかしいわゆる国学は、もっと狭義にみて、近世に起こった国家的精神を中心とした学問的運動の一つの系列を指している。この学問的運動は、実践運動のうえにも多大の影響を与え、近世の勤王思想などもこの国学によって起こされたことが多い。この国家的精神は、『神皇正統記』などにもはっきり見られるが、国家に対する愛から出発し、どこまでも儒学・仏教等の外来文化の影響を受けない古代の純日本的精神に中心をおいたものである。

近世国学が、学問の対象となったのは江戸時代に入ってからで、釈契沖（一六四〇―一七〇一）、荷田春満（一六六九―一七三六）らによって起こされ、さらに賀茂真淵（一六九七―一七六九）の活躍によって大いに発展した。この真淵の晩年と、その門人本居宣長の壮年期がちょうどこの時代にあたり、当時の文化を語るうえで欠くことのできない存在となっている。

賀茂真淵は遠州浜松郊外伊場村の神官の家に生まれ、三七歳で京都に出て荷田春満について学び、後に江戸に移った。『万葉集』『古今集』『源氏物語』『伊勢物語』等の古典研究に没入し、幾多の名著大著を完成し、国学の新しい進路をひらいた。また門人の養成にも力を入れ、その門からは、本居宣長・加藤千蔭・村田春海・内山真龍・塙保己一ら多くの名士を出している。

春満と真淵と宣長と、その後の平田篤胤（一七七六―一八四三）は国学の四大人と呼ばれている。

本居宣長（一七三〇―一八〇一）が、一七六三年（宝暦一三）、伊勢松阪の旅籠に宿泊中の賀茂真淵を訪れ、師弟の約を結んだことは有名な話である。宣長は数多い著書のうえで、喜怒哀楽を顔に現わさず、武士は食わねど高楊子式の体面ばかり気にする、今までの偽り多い形式道徳を否定した。そして身分や格式を超越し、感情の動きを見つめる思いやり深い人間性が、彼の文芸論の中心となって進められている。

宣長の大著『古事記伝』は、上巻が一七九〇年（寛政二）六〇歳の時、下巻が一七九八年（寛政一〇）六九歳の時、世に出ている。彼は七二歳で没するまでに六〇余の著書を公けにしている。その多くは、儒教・仏教に偏して祖国日本を忘れることを警告したものである。

❖和　歌

賀茂真淵の古典研究の中心は、『万葉集』であるといわれている。もとより国学者としての彼は、最後の目標を『古事記』の研究においたのであるが、まず古語を知るために『万葉集』を研究して、これに一生を費やしたのである。これは真淵が、歌人文学者としての素質を多く備えていたことによるものであった。

古来、儒者が漢詩をよくしたように、国学者はみな和歌の道に精進した。彼らは、和歌を文学として普及させたのみでなく、これを通じて、日本民族の自覚と愛国の精神を植えつけたことは、見逃すことのできない一大功績というべきである。

賀茂真淵

うらうらと　長閑き春の　心より　匂ひいでたる　山ざくら花
もろこしの　人に見せばや　み吉野の　よしのの山の　山ざくら花
飛騨たくみ　ほめて造れる　真木柱　立てし心は　動かざらまし

本居宣長

敷島の　大和心（やまとごころ）を　ひと問はば　朝日ににほふ　山ざくら花
さしいづる　この日の本の　光りより　高麗唐土（こまもろこし）も　春を知るらむ
たぐひなき　桜の花を　見ても知れ　わが大君の　国のこころを

狂　歌　和歌の形式をかりた滑稽歌に狂歌がある。落首ともいう。高い教養も、典雅な素質も要しない現実の生活から見出した笑いの興趣を詠（よ）みこなし、時に快い諷刺、軽い皮肉もズバリ飛び出すという庶民性に、当時江戸市中の人気をとらえた。

初代蜀山人（しょくさんじん）大田南畝（なんぽ）（一七四九―一八二三）はその道の名人で、そのころ盛んに文筆活動をしてこの道を拡めた。

❖俳　諧

俳聖芭蕉の没後一〇〇年、俳諧の風潮は沈滞して月並みに陥り、次第に野卑低俗になってきた。与謝蕪村（よさぶそん）（一七一六―一七八三）はこれを嘆き、芭蕉の昔にかえることを唱え、多くの書を読んで教養を高め、美意識を向上させることを説いた。彼は自ら独自の道をひらき、いわゆる〝天明調〟なる一派を創始し、多くの門人を養成し、「俳諧中興の主」とたたえられた。とくに彼の俳画はもっとも優れ、古今無比というべきものである。

けれども彼の俳名は、没後、画業の盛名にかくれ、長い間忘れられていた。明治の中期にいたり正岡子規（しき）が「俳聖芭蕉と肩を並べる巨匠」と礼讃してから、真価が再び世に認められたという。つぎの句のごときは、二五〇年後の今日、燦然（さんぜん）と光を放っている。

　　与謝蕪村

菜の花や　月は東に　日は西に

春の海　日ねもすのたり　のたりかな

温泉（ゆ）の底に　我足見ゆる　今朝の秋

女流俳人の加賀千代女（ちよじょ）（？―一七七五）もこの時代の人である。

　　加賀千代女

朝顔に　つるべ取られて　もらひ水

限りなく深く広い愛情を、軽く一七文字のなかに巧みに詠みこなした彼女の大傑作で、その後二五〇年間、人口に膾炙(かいしゃ)され愛誦された点では、史上第一の句であろう。

川　柳　季節の約束ある俳句から、その束縛を離れ、滑稽・諷刺などの機智に富んだ狂句がそのころ庶民の間に流行した。柄井八右衛門(からいはちえもん)は雅号を川柳(せんりゅう)といい、斯道の発達に尽くした。以後狂句といわず、川柳という彼の雅号がそのまま使われるようになり、現代に及んでいる。

❖日本画

わが国の美術界を見ると、長い間、狩野・北宗・土佐等の諸派がそれぞれ孤城を守って、単に師のわざの伝承だけをしてきた。それがそのころになると、政界・学界等に見られる革新の気運に促され、美術界にもまた革新の風が起こってきた。

南　画　一八世紀の前期ごろ、沈南蘋(しんなんぴん)・伊孚九(いふきゅう)らの中国人が南画（南宗画）を伝えてきた。最初にこれを学んだのは祇園(ぎおん)南海・柳沢淇園(きえん)であったが、さらにその奥義を極めて大成し、日本画界に頭角を現わしたのは池大雅(いけのたいが)（一七二二—一七七五）である。

大雅は京都三条に生まれ、初め絵を土佐光芳に学び、続いて祇園南海・柳沢淇園につき、さらに清人の画法を模してその長所を採り、ついに一家を成した。花鳥・人物・山水、いずれも

池大雅の水墨山水
（静岡市後藤氏蔵）

雅致高く、粗画密画ともに優れ、日本南画の大成者といわれる。好んで名山大岳に登り、天然の美をもとめて千景万勝ことごとく筆に収めた。富士・立山・白山をしばしば跋渉し、三岳道人と号した。別に「九霞」「無名」等ともいった。

俳人与謝蕪村も南画を学んだ。彼の絵は、南宗禅的な格調の高いうちにも、俳味の豊かににじみ出ている独特の日本南画を創作していて、中国南画に見られない特徴をもっている。

大雅は絵のほかに書をよくし、詩文に長じ、蕪村は俳諧に秀でた。この時代、二人は文人画として南画を拡め、たちまち画界を風靡した。後にその流れをくむ者に、田能村竹田・谷文晁・渡辺崋山らの名匠を出している。

円山派　有名な円山応挙（一七三三―一七九五）が活躍したのもこの時代である。

応挙は幼い時から驚くべき画才を示し、狩野探幽の孫弟子石田幽汀について習い、また尾形光琳派の渡辺始興の門にも学んだ。二三歳の時に始興が没してからは、天然の造化をもって師となし、写生に対する熱心な研究を進め、さらに西洋画も学んでその長所を十分に取り入れて完全に自分のものとした。彼のカラクリ絵に見られる遠近法などはそれである。

応挙は、山水・花鳥その他あらゆるものを写生したが、人物画もそのらち外ではなく、裸体画研究の必要を感じ、その機会を狙っていた。当時の日本ではモデルになってくれる人がなく、八方探した末、ようやく彼の熱心に動かされて三河生まれの武士某がモデルになってくれた。ところが褌（ふんどし）を取り外す段になると、「武士の面目、ここだけは他人に見せられぬ。」と堅く押えさていて難しかったが、いろいろと懇請し、やっとその願いがかなったという。女のほうは、祇園の芸妓が素裸になってくれたので、このほうは案外らくにかたづいた。当時モデルによる裸体画の習作をしたということは、実に破天荒なことであったといわれている。

応挙の昇龍図
（田中光顕旧蔵，静岡市後藤氏蔵）

彼はただ単に写実の面のみでなく、夢幻の世界にも非凡の画才を発揮した。「応挙の龍」「応挙の幽霊」など、不滅の名声をはくしている。

❖版画浮世絵

日本の彫刻・絵画など、美術品の多くは寺社または上流社会の専有物とされ、貧しい百姓や町人らの手の届かない所におかれていた。しかも風雅上品にして格式高く、浮世のなかの女子供を素材とした絵は稀だった。そんななかで、

狩野にも　土佐にもかけぬ　仲の町

と、卑近な農民生活や遊女の姿態などを写して木版印刷で量産し、安い値段で市販したこの版画浮世絵は、一般大衆の間にたちまち拡がっていった。吉宗時代には厳しい倹約令によって抑えられていて、墨絵が多く、色ものといってもわずか二、三度摺（ずり）くらいのものだった。それが明和のころになると技術的にも進歩してきた。一七六五年（明和二）、一代の天才画家鈴木春信（一七二五―一七七〇）は、極彩色の錦絵（にしきえ）を作り出した。彼の死は一七七〇年（明和七）であるから、錦絵を製作したのはわずか五年そこそこだったが、その間に、大錦・柱絵・中判・細判と、つぎつぎに傑作を発表した。この錦絵は時流に投じ、江戸名物の一つとして重要な地位を占めるにいたった。

版画浮世絵は、絵師・彫師・摺師の三者の総合芸術であるので、この時代、彫師・摺師の名工がいたはずだが、絵師の名にかくれて、あまり明らかにされていない。

鈴木春信についで勝川春章（一七二六―一七九二）が名をあげた。彼は歌舞伎俳優の個性を画面にあらわそうと試み、これに成功した。式亭三馬は彼を「役者似顔の元祖」と呼んでいる。

鳥井清長（一七五二―一八一五）はすでに天明の初期、三〇歳前にいわゆる清長風を完成して浮世絵界に君臨し、多くの傑作を出している。

田沼時代に修業時代を過ごして育成され、寛政のころ世に現われた絵師につぎの三巨頭がいる。

喜多川歌麿（一七五三―一八〇六）
葛飾　北斎（一七六〇―一八四九）
東洲斎写楽（　　？　　）

歌麿の美人画の強烈な肉体的魅力は、視覚のほかに、触覚・嗅覚までも捉えたという。北斎の風景画にいたっては、今や世界的にその真価が認められており、説明を要しないだろう。

写楽は、生没年ともはっきりわからない田舎絵師であるが、彼の役者絵に見る独特の個性描写は、なんぴとの追随も許さないものであった。その作品が寛政年間に集中しているところを見ると、彼もまた「田沼時代」に育った絵師である。

❖洋　画

司馬江漢（こうかん）（一七三八―一八一八）は江戸の人で幼少より画をたしなみ、初め狩野の門に学んだ。二世春信の号をもって浮世絵も描いている。

熱心な蘭学の研究家で、平賀源内について天文・地理等をも究めている。長崎へ行って画書を得、西洋画の写実的な点に傾倒し、独学で油絵を画き、自ら西洋画士と号した。一七八三年（天明三）には、蘭書を頼りに銅版を作ったが、これはわが国における銅版の元祖である。非常に進歩的な考えをもっており、彼の著『西洋画談』にはつぎのような意味の美術観が説かれている。

和漢の画は酒辺の翫弄（がんろう）物で、世に必要な具ではない。球を画くには輪を描くよりほかなく、うず高き状は画けない。正面向の肖像を画く場合、鼻の高い所はどうにもならない。洋画は、濃淡をもって陰陽・凹凸・遠近・深浅を巧みに画き出している。洋書の多くは、文字をもって説明しにくい所は、必ず画図をもって補い、わかり易くしている。洋画は真に実用の技であり、文字と同じ働きをしているものだ。

江漢はこういう考えのもと、独り画書を頼りに西洋画の研究に精進した。現代の洋画に比べれば技術的にはむろん幼稚であろうが、手本も指導者もなかったころ、独学であれほどにできたことは、彼の天才と熱心とによってはじめてできたもので、驚嘆のほかはない。

❖地方明君

中央における革新的気運と符節を合わせるように、地方にあっても進歩的な藩政改革を断行した明君が続出した。米沢の上杉鷹山(ようざん)侯、肥後の銀台公細川重賢(しげかた)、長州の毛利重就(しげなり)・薩摩の島津重豪(しげひで)らの名があげられる。

上杉鷹山　日向高鍋(ひゅうがたかなべ)三万石秋月種美の次男として生まれた治憲(はるのり)は、一七六〇年(宝暦一〇)、米沢藩上杉重定の養子となった。上杉家は、もと一二〇万石の大藩だったが、だんだん石高を減らされてその時は一五万石であった。昔が昔なので、石高相応の暮らし向きに切り下げることができず、彼が一七歳で襲封した時は財政窮乏その極にあった。治憲はまず第一に、財政の緊縮、行政の刷新を図ろうとしたが、家老・奉行ら旧臣老臣らは、彼が小藩から来たことと、若年なのを侮(あなど)り、ことごとに反抗し、改革を妨害した。治憲は若い中堅藩士らの意見を克明に聞き、隠居重定の同意を得たうえで、一刀両断、七人の悪老臣どもを処断した。

それから後は彼の威令がよく行なわれ、米沢藩は見違えるようになった。藩主自ら服食費一五〇〇両を二〇九両に、奥女中五〇人を九人に減じ、続いて余分な役人の削減を実行した。養蚕・機織（米沢織）・製塩・製紙・製陶の各種産業を起こし、また藩校興譲館・武館を設けて文武の振興につとめた。人口の増加を図り、堕胎を禁じ、他領からの来往者を歓迎し、結婚出産を奨励する等、善政を重ねたので、世間は江戸時代を通じ第一の賢君とたたえた。

彼は一七八五年（天明五）三五歳で隠居したが、それは前藩主重定の実子治広が成人したので、養子の彼は身を引いたのである。隠居後もよく治広を援けて藩政に尽くした。鷹山は隠居後の名である。

細川重賢　肥後熊本五四万石細川宗孝の跡を継いだ弟の重賢（一七一八―一七八五）は、一七四七年（延享四）から一七八五年（天明五）まで三九年間の藩主であった。彼がどうして兄の跡を継いだかというと、当時世間を驚かした大事件があったのである。それは江戸城中における刃傷事件である。一七四七年八月一五日、肥後国主細川宗孝が城中大広間の厠で、何者かに後ろから刺された。調べてみると加害者は板倉修理勝該という下級武士で、彼は、本家の板倉勝清（当時相良藩主）を私事の恨みで狙っていたところ、勝清の家紋が細川の紋と似ていたので、誤って宗孝を刺したという。思いもよらぬ災難で宗孝は死し、弟の重賢が跡を継いだのである。

重賢が襲封したころの熊本藩は非常に財政が窮乏し、大坂の商人たちも危険視して一両の融通もつけてくれなかったという。彼は能臣堀勝名を重く用い、藩政刷新に乗り出した。とくに、農民の保護に意を用い、植林をすすめ、他国酒の移入を禁じ、阿蘇山硫黄の採鉱を実行し、その他諸産業を興こし、賦税の軽減を図った。また城内に藩校時習館を建て、続いて演武館・医学館を新設して文武の奨励をする等、藩政を一新させた。かつては、三〇〇余の大名中、最悪の藩といわれた熊本藩が、最良の藩といわれるようになった。そして世間は「銀台侯」と尊称して彼の治績をたたえ、領民は「殿様祭り」をしてその徳を慕ったという。

毛利重就　重就（しげなり）（一七二五―一七八九）は毛利匡弘の一六子。一七五一年（宝暦元）二七歳で長州藩三六万九〇〇〇石の藩主となった。毛利家はもと一二〇万石の大大名だったが、関ヶ原戦後、削減されたのである。彼もまたご多分に洩れず、財政苦境の最中に家を継ぎ、襲封と同時に財政整理に取り組まねばならなかった。内には、厳しい倹約令を出して励行させ、進んでは新田を開拓させ、製塩・製紙・製藍の工業を興こし、漁業を奨励して港を創設した。

このようにして藩政の刷新が成ると、彼は素晴らしい構想を立てた。もともとこの地は稀に見る良田地帯で、財政の困難を切り抜けるに方法がないわけではなかった。すなわち領内年貢の公平を期し、「広狭はかり」といって隠田（おんでん）や新田、または荒地欠地を調べた。その結果六万石の余裕と八〇〇〇石の欠損地を確認し、諸費を弁じた残り四万石を別途管理することにした。この四万石は藩庫蔵入外の物資であるから、その資金はとくに一局を設けて運用増殖を図らせ、重就自ら「撫育（ぶいく）局」と命名した。この撫育局は重就の見込みどおりに成功し、防長二州の文化向上・経済発展・社会施設の拡充等に役立ち、また藩の不時の出費を支弁するなど、意外に大なる成果をあげた。それは彼の在世中だけでなく、死後、年とともに大をなし、七〇~八〇年後、長州藩の勤王運動活躍の原動力となった。「毛利氏中興の主英雲公」と尊称されたのが彼である。

島津重豪　上杉・細川・毛利の三明君はみな財政を建て直した点で一致しているが、この島津重豪（しげひで）（一七四五―一八三三）の明君ぶりは、まったく趣きを異にしていた。重豪は、一一歳の若さで一七五五年（宝暦五）、薩摩藩七二万九〇〇〇石の主となった。質は英邁豪気、進取の気性に燃え、当時、田沼意次ともっとも意気投合した田沼支持者の一人であった。

自ら中国語を学んで『南山俗語考』を著し、蘭学を研究して自在にその文字を書いたという。当時一流の学者を江戸屋敷に迎え、あるいは鹿児島に招いて、藩内子弟の人材育成につとめる等、自藩の人文発達に役立つもので実行しないものはなかった。安永年中、造士館・演武館・医学院・明時館などを新しくつくり、藩学の興隆を図った。そのころ長崎へ船載された書籍・機器類はほとんど重豪の手に帰したといわれたほど、新知識吸収の意欲に燃え、〝蘭癖（らんぺき）大名〟とあだ名されたという。彼は田沼が失脚し、寛政改革の世となっても、その封建的消極政策に反抗し、平然として田沼が江戸で行なったとおりの積極政策を鹿児島で続けていた。しかし反面、積極的な事業施設費・文化導入費に加え、不時の出費も重なって藩債が次第に増えた。中央政権の思惑を気づかう一部家臣らに、放慢政策により藩財政を傾けたと非難され、一七八七年(天明七)四三歳で隠居した。けれども、重豪の残した人材育成の努力は伝統として長く受け継がれ(シーボルト・佐藤信淵も招かれている)、薩藩活躍の基礎をつくった。後年、薩摩人が維新回天の推進力となり、明治政界の指導力となったのも、彼の積極的な文化政策の賜物であった。

❖相撲

力士という職業人の団体が構成され、純然たる興行としての形を整えたのは江戸時代であり、両国回向院境内を興行場所と定め、春秋二回の本場所制を確立したのは、江戸も後半に入ってからのことである。この安永・天明から寛政へかけての二〇年間は、谷風梶之助・小野川喜三郎、続いて雷電為右衛門ら、強豪無双といわれる大力士が相次いで現われ、その隆盛は古今比を見ないといわれている。

谷風梶之助(一七五〇―一七九五)は奥州(陸奥)宮城郡の生まれ。一七七五年(安永四)小結に、一七八二年(天明二)大関に進み、勝率九四・八%を記録している。それまでは大関が最高位であったが、彼はとくに稀代の大力士ということで相撲の司吉田家から「横綱」を免許された。これが横綱第一世である。

小野川喜三郎（一七五八―？）は江州（近江）大津の生まれ。一七八四年（天明四）関脇に進み、その後一〇年、谷風と対抗し、江戸の相撲の人気を大いにわき立たせた。一七八九年（寛政元）関脇のまま「横綱」を免許され、これを横綱の第二世とする。翌年大関に進み、以後谷風と東西の横綱大関をはり、相撲全盛期を続けた。

こういうところにも「田沼時代」の燃え盛る時代風潮がにじみ出ている。

❖天変地異

天災地変の多かったことは、この「田沼時代」特異の現象であった。田沼意次悪評の半ばは、それによるものとの見方もある。

一七七二年（明和九）二月二九日、江戸に大火事があった。目黒大円寺から出火、六二八町（江戸は八〇八町）を焼き、長さ二四キロ、幅八キロに及び、明暦大火（一六五七年）以来史上二番目の大火であった。

一七八三年（天明三）七月六日、信州浅間山が大噴火した。熱湯の山津波まで起き、死者二万といわれ、縦一〇〇キロ・横三〇キロの間は、一物もなく焼け失せたという。火山灰は関東一帯をおおい、江戸でも霜が厚く降りたようになったという。今ある浅間山の鬼押出しは、その時できたもので、噴火のものすごさをそのまま伝えている。

年　次	人　口	災　害
1762年（宝暦12）	25,921,458	
1768年（明和 5）	26,252,057	
1774年（安永 3）	25,990,451	江戸大火・疫病
1780年（ 〃 9）	26,010,600	
1786年（天明 6）	25,086,466	飢饉・疫病・噴火
1792年（寛政 4）	24,891,441	
1798年（ 〃 10）	25,471,033	
1804年（文化元）	25,621,957	

全国人口表（武家人口を除いたもの）

この年は実に悪い年で、東北地方全土ははげしい冷害に襲われた。その前年から凶作になり、一七八六年まで五年も続き、これを天明の大飢饉という。なかでもこの三年の飢饉がもっともひどく、作物という作物、なに一つ結実せず、完全な飢饉となり、その惨状目もあてられなかった。餓死者は、仙台藩四〇万、津軽藩八万一七〇〇、南部藩六万四六九〇と伝えられている。こうなると各藩とも、たがいに自藩を護ることに専心し、他領へ米麦の出るのを防いだ。それを「津留（つどめ）」といった。東北・北陸・関東の諸藩はみな津留を実施したので、飢饉の現地では救いようがなかったらしい。

来年のための耕作をしようにも今日一日の食糧に窮し、やむをえず村を捨てて出稼ぎや放浪者となって土地を離れる農民が増えだした。当時五年も連続して飢饉に見舞われた原因は、農民の餓死と離村とによる田畑の荒廃にあったと考えられる。そのもっともひどかったのは津軽藩で、領分の三分の二が荒地に化したという。

上表は天明の大飢饉前後の全国人口状況である。

Ⅲ

田沼政治の全貌

田沼の経済政策

❖貿易

わが国の金銀が海外に流出した概況は、すでに記したとおりであるが、それは海外の金銀相場をわが国は知らず、そこに目をつけた彼らが盛んに貿易品を持ってきて、日本の金銀を持ち去ったことによる。

ある人が、新井白石の『宝貨事略』を田沼意次に示して、金銀減少の莫大なことを注意しようとした。田沼はその書を見て驚いた様子であったが、さて口を開いて、

「儒者の議論など、役に立つものではない。」

と言って横を向いてしまったという。これは、白石がそれを知っていて流出防止の策を立てなかった愚をさげすんでのことであろう。田沼の政治は、不言実行である。評論家的で、実行の伴わない儒者の新井白石とは、たしかに異なっていた。

田沼はまず、中国貿易に銀を用いることをやめて、銀二〇〇貫に対し、銅を三〇万斤の割で渡すことに改めた。それも銅七分、俵物(たわらもの)三分で決済することにした。俵物とは、アワビ・イリコ・フカのヒレ・ナマコ・昆布などの乾物をいう。中国貿易では、日本の海産物は重要な地位をしめていたので、幕府はこれらの増産には、きわめて積極的であった。運上金(税)を免除して生産を奨励し、また長崎から買集人を巡廻させて集荷につとめた。

当時北海道に松前藩(七〇〇〇石、一万石格)という小藩があり、そこに長崎会所の買入取調書というものがあった。それを見ると、

イリコ
　一六万九五〇〇斤
　　代銀　六八八貫〇七〇匁
干　鮑
　一四万八五〇〇斤
　　代銀　四三〇貫六五〇匁
昆　布
　一二一万二五〇〇斤
　　代銀　四〇四貫九七五匁

唐和蘭持渡金銀銭図鑑控

足赤金		60. 291.
九呈金		24. 595.
八呈金		40. 107.
元宝足紋銀		147. 979.
中形足絞銀		3, 394. 895.
元糸銀		991. 259.
花迎銀銭		1, 200. 056.
人頭銀銭		337. 065.
金銭トカアトン		9.
銀銭テカトン		1, 616. 641.
〃ハロフテカトン		164. 657.
〃ロヘイ・マット		1. 467.
安南板金		24. 190.
〃	上板銀	361. 289.
〃	次板銀	1. 505.
西蔵金		18. 160.
		貫　匁
計	金銭	167. 352.
	銀銭	8, 216. 812.

(『日本文化史別録』)

この合計を金に換算すると二万五四〇〇両になる。これが一小地域の年産額である。全国では莫大な額に上ったことであろう。

また田沼は、長崎に出入りする中国人・オランダ人を使って、盛んに中国・チベット・安南および欧州諸国の金銀貨の輸入をはかった。その高が『唐和蘭持渡金銀銭図鑑控』という書に出ている。田沼失脚の一七八六年（天明六）までの二〇余年間のものである。過去二〇〇年間に失った金銀の高に比べれば少額だったとはいえ、初めて外貨を獲得した意義は大きかった。

初めて輸入した外国通貨

❖通　貨

それまでの通貨改革というと、質を良くして数を減じたり、質を落として数を増やすという方法しかとられていなかったが、一七六五年（明和二）新しく発令した改革は大きく違うものだった。それまでの銀（丁銀や豆板銀）はいちいち目方を計って取引されており、これを秤量貨幣という。この年発行した「五匁銀」は、初めから五匁と通用価を定め、いちいち秤にかける手数を省いた新しい型の銀貨である。それを二年後の一七六七年には「今後は銀相場に関係なく、一二枚を以て金一両とする」と定めた。つまり、それまで金貨とは別立になっていた銀に、金貨の補助的な役割を与えたのであった。

一七七二年（明和九）になると、幕府はオランダから輸入した銀を使って「南鐐二朱判」を造った。これは当時の技術としては純銀ともいえる良質貨で、含有量九七・八一％であった。表面に「南鐐八片を以て小判一両に換う」と刻まれていて、五匁銀と違い銀貨としての重量価は示されず、もっぱら金貨に結びつけ、小判一両の八分の一の価値に定められた。当時一両は四分、一分は四朱だったから、一枚が二朱にあたる。小判の補助貨幣なので二朱判と称したが、俗に二朱銀ともいう。同じものである。

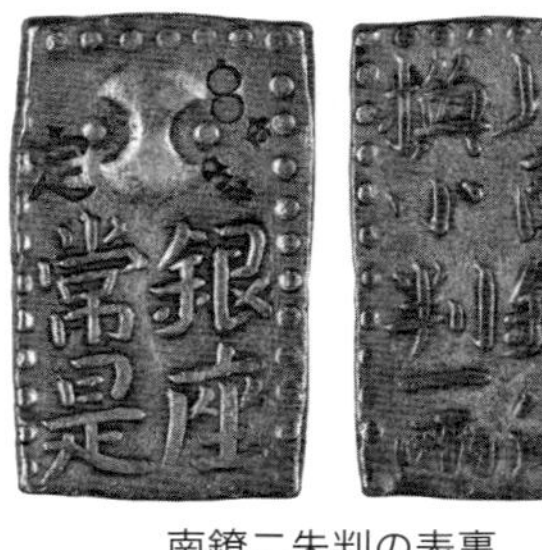

南鐐二朱判の表裏

当時の日本の通貨は金何両何分何朱、銀何貫何匁、銭何貫何文と、三貨が別々の価値体系の下に流通しており、金・銀・銭の価は常に浮動していたのである。今では、通貨そのものの重量には関係なく、表示された通用価値で流通しており、呼称は単一で、銀貨も銅貨もアルミ貨も、みな金何円と呼ばれている。秤量通貨制を廃し、表位（計数）通貨一色の現制度に向かう第一歩は、実にこの時スタートしたのである。

これより前の一七六八年（明和五）に、四文銭という真鍮銭を出している。これはその後ながく鋳造が続けられ、しまいには一億五七四二万五三六二枚にも達したということである。

ところが金銀銭相場の変動を利用して金儲けをしていた両替屋たちは、南鐐二朱判のような

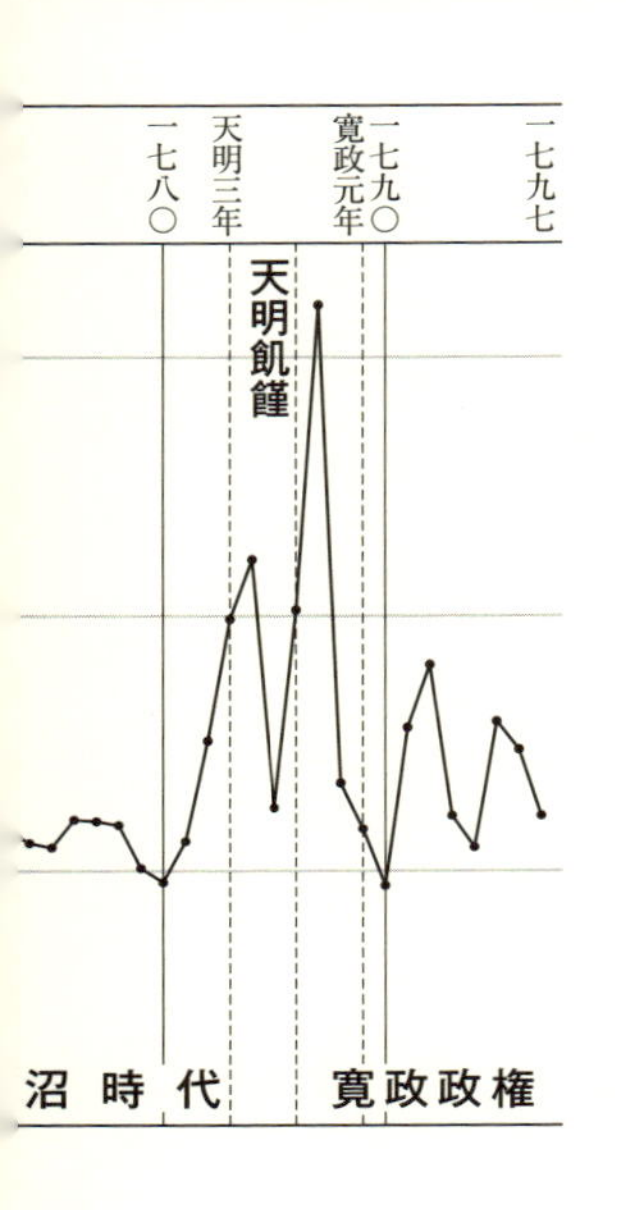

便利な計数通貨に出回られては商売あがったりというので、彼らは必死になって不評の種をまいたという。その代表的なものとして後世史家が採り上げているものに「下駄屋甚兵衛上書」というものがある。これは田沼失脚後、新政権宛に出したもので、要約すると、

> 金の比価が下がり、ここ二〇年来、諸物価は騰貴した。それは二朱銀が出てからのことである。金は陽、銀は陰なり。陰が盛んになったため雨多く冷害飢饉を招いた。四文銭の裏には青海波の型あり。天下のお宝にかような模様を画いたため波は水を呼び、大洪水となったのである。二朱銀の極印は七ツ星であるが、星は夜出るものでこれも陰である。七ツ星は田沼の定紋なり。個人の家紋を、天下の御通用に用いること、はなはだ宜しくない。

といい、その後に金銀銭両替相場の希望値段が書き添えてある。

彼は二朱判の極印を田沼の家紋七ツ星と言っているが、印は五弁の梅鉢である。似てはいるが明らかに別ものである。まさにこじつけの中傷論といわざるを得ない。

❖物価

新貨幣増発と経済発展政策を見て、田沼の経済政策をインフレ政策だと語る史家は多い。その人々は、南鐐二朱判も真鍮四文銭も、不評判のうえに多量に出

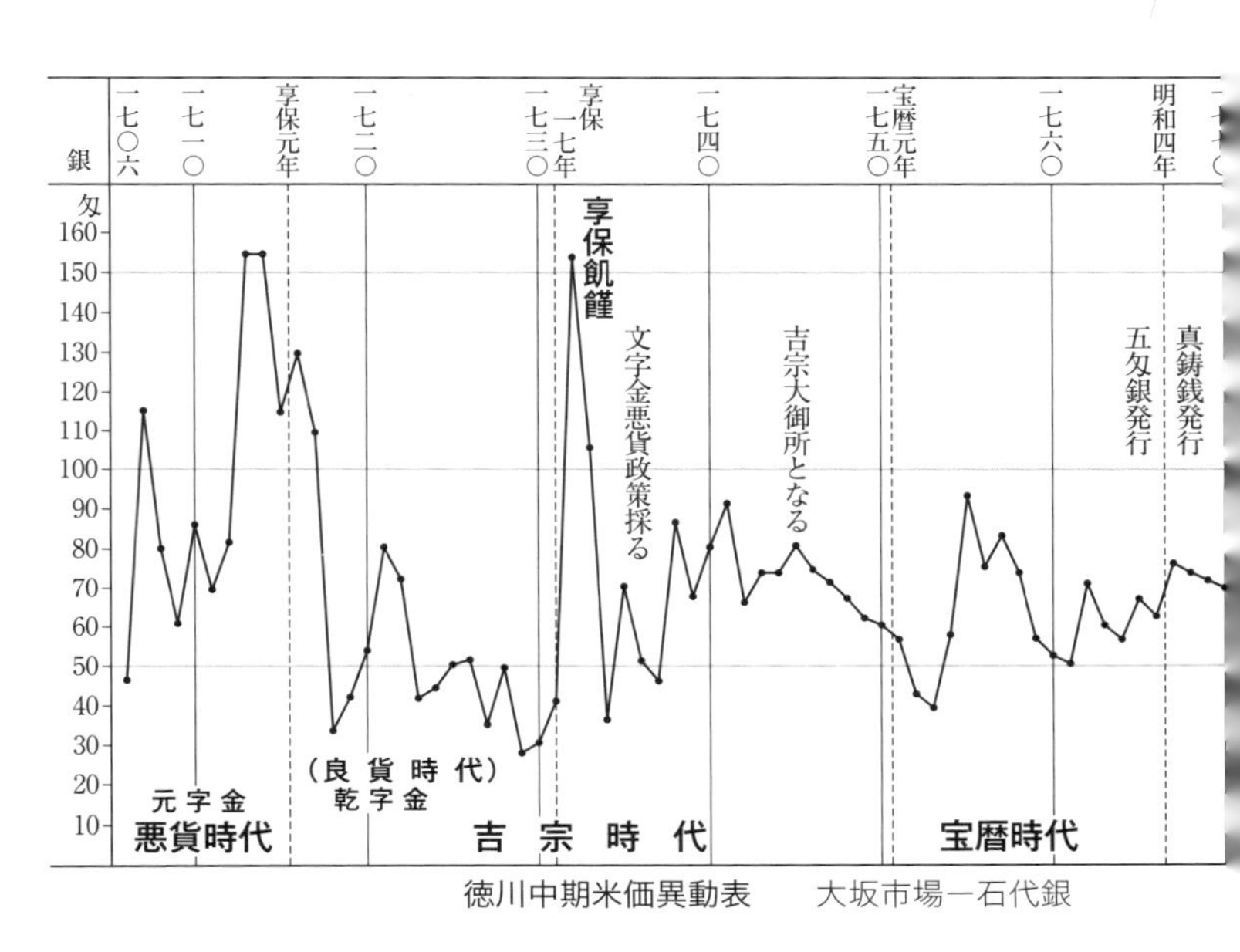

徳川中期米価異動表　大坂市場一石代銀

回ったため銭価が下がり、諸物価が暴騰し、庶民を苦しめたと言っている。しかし上掲グラフのとおり、一七八一年（天明元）までの十数年間は、米価はもっとも安定している。一七八二年（天明二）から五年間天明の大飢饉が起き、そこで暴騰しているが、それは天然現象でやむを得ない。新貨発行から十余年間は、物価はやや低調の横ばいで、前後一〇〇年の間、最良の時期を現出している。四文銭と二朱判の発行は、貨幣経済の発達に見合ったものというべきで、少しもインフレは起こしていない。

従来、田沼は重商主義に傾いていて、農業を軽んじているようにいわれてきた。しかし上表を見て、彼の執政以来の米価から推定し、米穀増産と出回りが順調だったことを知ることができる。したがって、特別な記録がないからといって、田沼意次が農業をうとんじて顧みなかったという説は当たらない。

❖殖産興業政策

吉宗時代、銅座・人参(にんじん)座・朱座などをおき、銅・朝鮮人参・朱などの専売をして財政収入を図ってきたが、田沼はこの制度を大幅に拡げた。鉄座・真鍮座・竜脳座等をつくって専売事業を拡げ、その他、明礬(みょうばん)会所・石灰会所を新しく公認する等、積極的に経済発展政策を採った。

そのころは、綿・たばこ・菜種・茶・桑・藍などの商品作物の栽培が広く普及し、養蚕も盛んになり、これを取引する商人の数もようやく多くなった。いずれの商売も、最初はごく零細な取引であり、その弱小業者の数は増える一方であった。幕府はそれら業者同士の無用の競争を防ぎ、健全な育成につとめ、利益を擁護する意味で特定の仲間を定めた。これを株仲間という。その株仲間は急に増え、天明年間に大坂だけで一二〇種の多きに達した。その対象は、物品販売ばかりでなく、廻船問屋・飛脚問屋から、水車の営業にまで及んだ。そして幕府は、公認された商売から上がる利益金の一部を、運上(うんじょう)金または冥加(みょうが)金という名目で吸収した。

吉宗時代に始められたこの施策が、このころになってようやく成果を見るまでに発展したのであり、幕府財政上、重要な資源となった。

田沼意次は晩年、五年続きの天明の大飢饉中にありながら、北辺調査団を派遣したり、北海道開拓事業を計画するなど、金のかかる積極政策を行なっているが、こうした金納税収がそれらの財源となっていたことは容易に推察されるところで、従来どおりの貢納米のみに頼っていたならば、手も足も出なかったはずである。

❖金融

吉宗時代の長い緊縮政策から脱し、田沼の輸出促進・産業振興等、一連の積極政策によって、町人は実力をつけ地位を向上させた。それに引き換え大名・旗本ら武士の財政状態を見ると、一七八二年（天明二）以降の凶作によって年貢米は満足に入らない。そのうえ諸物価は乱調子であり、その間にあって、いつも儲けるのは町人で、損をするのは武士階級である。したがって武士と町人の勢力のバランスは、次第に変わってゆくのであった。

当時の大名や旗本御家人たちは、俸禄の米を受け取る前に、それをかたに町人から借金するので、俸禄の米の保管方・換金方、みなその町人にまかせざるをえなかった。それを専門にしている町人を大坂では掛屋（かけや）、江戸では札差（ふださし）と呼んだ。武士たちは、米の処分で儲けられるうえに、金利で苦しめられる。利率は高いものは年三〜四割。低いものでも一割を下らなかった。町人のほうはどうかというと、商売で儲けた金も、まとまったものは大名に貸し付けるよりほかに適当な投資先もなく、大かたはそれをやり、結局はこげついてしまうという例が少なくなかった。

田沼はこのような財政上の苦境から武家を救い、正常な軌道へ乗せるために、全国の寺社等に眠っている遊金を集め、それを基にした金融機関をつくり、肩代わりさせようとした。それは一七八六年（天明六）六月発した「貸金会所」の令である。つぎがその大要である。

一、諸国　寺社　山伏(やまぶし)
　本山を金一五両とし、以下末寺全部それぞれ相応の金額
一、諸国御領　私領（村単位）
　持高一〇〇石につき　銀二五匁ずつ
一、町人（個人別）
　間口一間につき　銀三匁ずつ
一、御公儀よりも相当の金額
右の通り　天明六年より五か年の間　毎年出金せしめる
利息は年七朱とし、貸金会所費を差引いた額を出金者に配当する
融通を受ける藩は、領分の村高を証文に記し、滞りし際は徴収すべき年貢米を充当する

以上の案のもとに発足したが、金集めの段階で田沼が失脚し、後継政権はこれを放棄した。

後継政権の採った金融案というのは、一方的に町人を犠牲にし、武家財政の苦境を救うという「棄捐令(きえんれい)」であった。棄捐令については、寛政改革の項で詳記するとしよう。

田沼の社会政策

❖池沼干拓と運河開鑿

印旛沼・手賀沼の干拓事業は、かつて八代吉宗時代の一七二四年（享保九）に着手し、三一万両という巨費を投入したが十分な成果をあげることができないで止められたものである。

田沼意次は大名となって遠州相良の地を拝領する以前、下総国香取郡・匝瑳郡に領地をもっていた。二〇〇〇石ないし五〇〇〇石当時のことである。そこへ往復の道すがら、印旛沼のあたりを見て、若き日の意次の心は動き、国利民福のため、この沼の干拓を再び実行したいと、ひそかに考えていたのであろう。彼は老中になると下総国印旛郡惣深新田名主平左衛門・島田村名主次郎兵衛の二人に、新田開発の調査を命じておいたが、それが一七八〇年（安永九）にでき上がった。その計画は、沼に沿って幅一〇メートルの掘割りを造り、沼の水を落として水位を下げ、干拓地四〇〇〇ヘクタールの新田を造るというのである。その掘割りは、検見川

（江戸のすぐ東にある町の名）で江戸湾に連なるもので、これは江戸と利根川とを結ぶ運河となり、関東一帯、交通運輸の便が開かれ、計り知れない利益がもたらされるはずであった。なおこの掘割りは、分水路となって利根川の水を一部江戸湾に落とすことになるので、利根川氾濫（はんらん）による流域一帯住民を水害から救うということも狙いのひとつであった。

幕府は、一七八二年（天明二）二月、勘定方猪俣（いのまた）要右衛門をつかわし現地調査をさせたうえで、翌年着工した。今度の工事は民間の請負とし、大坂の豪商天王寺屋藤八郎、江戸の長谷川新五郎の両名に出資させた。そして成功のうえは、地元民が二分を取り、八分は金主に渡して償却にあてるということにした。

意次はこの事業には大変な乗り気で、熱心に督励して完成を待ちわびていた。一七八六年（天明六）春にはほぼ半分でき上がったのに、その年の六月、一大豪雨に見舞われた。利根川堤防数十か所が一時に崩れ、川の水が滔々（とうとう）とあふれ、関東平野一面を侵した。工事途中であったために大打撃を受けたことは言うまでもないが、それに加えて間もなく田沼が失脚したので、本事業は中絶してしまった。

❖大衆娯楽場

印旛沼干拓に比べれば小規模のものだが、一七七二年（安永元）に薬研堀中洲（やげんほりなかす）に埋立地を造成した。それから四年ほどかかって町家もおいおい建てられた。総面積九六七七坪で、そこに茶屋九三軒、混浴湯屋三軒ができた。その中ほど、大橋のある岸にのぞんだ所に四季庵という大きな料理茶屋ができて人目をひいた。夏のころは茶見世の軒に提灯(ちょうちん)をかけたのが水面に映じ、さながら竜宮の都がここに浮かび出たかと思うほどだったという。また近傍には、夜店・見世物・揚弓場などの娯楽場が並び、湯女(ゆな)・けころ(私娼)らの脂粉・嬌声(きょう)が町にあふれ、そのにぎわいぶりは、実に天明年間の一壮観であったという。古来吉原は、旗本や成金など上流人の遊び場で、庶民大衆の手の届かない所にあった。それがここは、誰でもわずかの金で簡単に遊べるので、庶民階級の娯楽場としてその後一〇年間も繁昌した。それが田沼から松平定信へ政権が移ると、厳しい風俗取り締まりにあい、一七八八年(天明八)全部取り潰(つぶ)された。家だけでなく、土までさらって元通りの川にしてしまったのである。

まさか田沼も、初めから淫蕩的歓楽街にしようと思って埋立てたのでもなかったろうが、思わぬ方向へ発展して、彼一人が攻撃される結果となった。しかし大衆には惜しまれたらしい。

白河(松平定信)の　清きに魚は　住みかねて　もとの田沼の　にごり恋しき

❖北海道開拓

蝦夷人(えぞ)(アイヌ)はもともと本土にも散在していたが、大和族のために次第に北方に追われ、あるいは同化されて数が減じ、わずかに奥羽地方にのみ残っていた。それが平泉藤原氏の滅亡後、多く北海道に渡り、古くからいた原住蝦夷人に合流し、その地を安住の地と定めていた。一部は千島・カラフトにも住んでいた。

徳川幕府は、もとの蝦夷管領(かんれい)武田信広の後裔(こうえい)、松前氏を蝦夷島主に認め、松前藩を興こさせていた。しかし彼の力の及んだのは西南端地方に限られていて、奥地の大部分は手を触れていなかった。蝦夷人は、漁撈・狩猟を業とし、

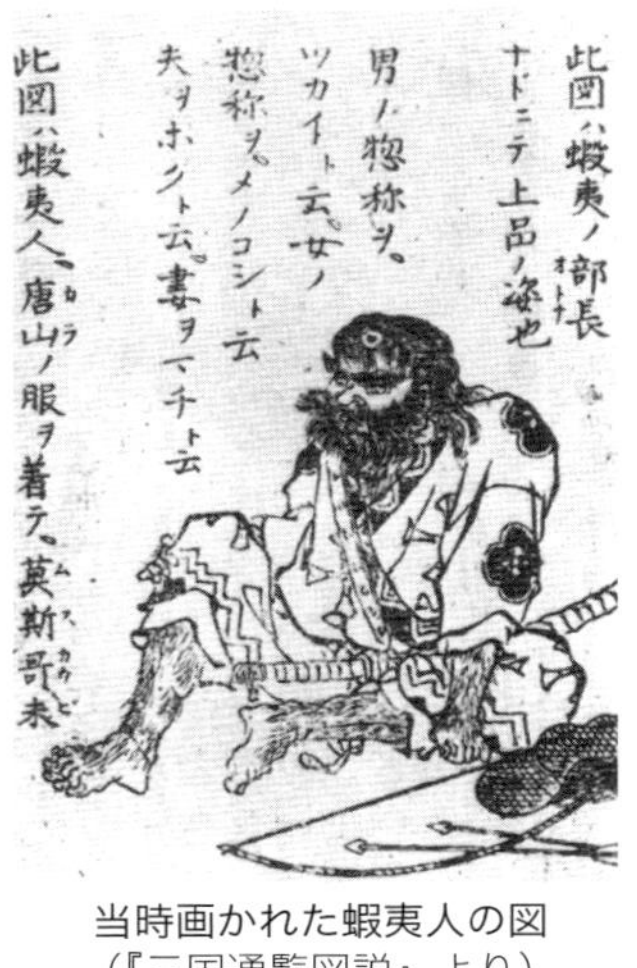

当時画かれた蝦夷人の図
(『三国通覧図説』より)

農耕を主としないので、蝦夷地全体は、ごくわずかの松前藩の地を除いては、ほとんど未墾の処女地であった。

そこに目をつけたのが田沼である。この地に植民して、米産の一翼をになわせることは、連年、飢饉に苦しめられていた当時としては、大きな魅力であった。

そればかりではない。すでにそのころロシアは、沿海州・カムチャツカまで掌握し、船を出してわが北辺を虎視たんたんとうかがっていた。もしも彼らが蝦夷人を手なづけて広大な北海道をその手に収めるようにでもなれば、わが国にとり最大の脅威である。速やかに本土の民をその地に移住させ、ロシアに侵入の余地を与えない布陣を敷くことがもっとも急務であるとし、

田沼は腹心の部下松本伊豆守に、蝦夷地開発案を立てさせた。その時の企画は次のようなものである。

本蝦夷地周辺　七百里程の内

一平均凡　長　百五十里　　横　五十里

此反別　千百六十六万四千町歩

右　十分一　百十六万六千四百町歩　新田畑開発可相成積り　此高凡積り五百八十三万二千石

但し諸国古田の石盛は田畑平均凡壱反壱石の積りにも相当り可申哉

右半減の積りを以て斯くの如し

外九分通りは開発不相成積りにて之を除く

右の総面積の誤差は一〇分の一程度のもので、ほぼ正確といえる数字である。完全な地図もないそのころに、どうしてこの数字が出たか驚くほかはない。また、開発可能地を総面積の一〇分の一と見て、収穫を普通内地の半分と算定したことは、大事をとって内輪の見積りをしたということがよくわかる。

そこで関東・東北一帯を支配していた穢多頭弾左衛門を起用し、彼の支配範囲を全国に及ぼすことにして人集めに取りかかった。第一期としてまず七万人を集める目標を立て、人間の移住だけは八～九年で成し遂げるつもりで進められていた。一方佐藤玄六郎ら一行は、現地松前藩との交渉や、開発現地調査のため先発していた。

しかしそれも、一七八六年（天明六）八月に田沼が失脚したので、派遣団は呼び戻され計画は放棄されてしまった。

田沼の文化政策

❖平賀源内

宝暦のころ、田村元雄という本草学の大家があらわれた。そのころ本草学といったのは、農学・薬学・博物学・化学などにわたる広い範囲の実用の学問のことで、いわゆる物産学である。田村元雄は一七五七年（宝暦七）、江戸湯島において物産会を開き、ついで翌年神田でも開いた。この物産会というのが今の博覧会の始まりである。

平賀源内は讃州（讃岐）高松藩の小役人の家に生まれ、幼時〝天狗小僧〟と言われたという非凡の才人である。二四歳の時長崎に行って蘭学を学び、後に江戸に出て田村元雄の門に入った。源内の聡明と奇才はほどなく世間の耳目を集めるようになり、元雄の物産会の後を引き受けて、一七五九年（宝暦九）湯島に、翌年市ケ谷に、自ら会主となって物産会を開き、一七六二年には薬品会を開いた。その出品物の解説をした著書『物類品隲』は、それらの品の製造法や培養法までくわしく教えてあるので、物産学の実用書として長く後世に重用せられた。

源内は鉱山の探鉱にも長じており、幕府や地方藩の求めに応じて、秩父・中津川・多田および秋田地方・仙台地方の鉱山の開発にも尽くした。源内書翰のなかの一つに、

私数年願望の秩父鉄山も成就仕り追々生鉄鋼鉄共沢山出し且刀剣にも作らさせ候処　無類の上鋼鉄にて利剣を鍛出（たんしゅう）　先日より田沼侯へ差出置候　近日御用させ下され候はずに御座候

源内

菊地黄山殿

とあり、田沼との親交の状を知ることができる。

源内が苦心研究の「エレキテル」は、当時非常に評判になったものである。ロクロ仕掛けによって電気を起こし、「人体に火を発して病を治す。」といって人びとを驚かせた。田沼家の夫人や子息たちが、しばしば源内の家を訪れ、エレキテルの治療を見学したことが、これまた源内書翰のなかに見られる。

当時オランダから入ってくる時計・寒暖計・望遠鏡・ガラス製品など、西洋の器物は驚くほど値段が高く「その価百金にして猶得難し。」と言われた。源内は、豊富な知識をもって舶来珍器の原理を解いて模造し、あるいは自ら工夫考案して発明発見するものが多かった。砂糖製造の法、源内焼（陶器）の製出、朝鮮人参その他薬草類の栽培等々、源内の知識と技術が、幕

府の殖産興業政策、積極的な文化政策のために役立ったことは大きかった。

彼は、仕官はしなかったけれど、田沼の支援によって思う存分に研究や活躍ができ、田沼はまた源内の新知識を吸収し、これを政治のうえに利用していたらしい。

『平賀鳩渓実記』（鳩渓は源内の雅号）には、

天明元年ごろ源内は長崎から江戸表へ着いたが、その手土産としたもののなかに、雲中を乗る大船あり。この雲中飛行船は紅毛の細工にして、長崎でも珍しき器なり。この度神田橋辺のお大名（田沼屋敷は神田橋の傍にあり、これは田沼を指す）への土産として贈った。この船へ人の乗ること五―六人を限るなり。また雲中にて風やむ時は、外に風根というものを下ろして風を吹上るなり。風根は皮にて作られ、常には畳んでおくという。この風根を下より吹上げれば、雲中忽ち大風を生じて飛行船を飛ばすこと妙なりという。右飛行船さるお大名に遣しけるが、今にその船、彼方にある由なり（『近世日本国民史』）。


とある。現代のような推進機関のついた飛行船があるはずはなく、飛行船といっても無繋留の気球のことであろうが、それにしても興味深い話である。

源内は晩年、誤って人を斬って獄に下り、獄中に没したという。しかし一説には、田沼意次が彼の才を惜しんで、ひつぎには衣服のみ納めて葬り、身柄はひそかに引き取って国元相良にかくまい、捨て扶持五〇俵を与えておいたという。源内は人目をはばかり、相良郊外須々木原に草庵を構え隠棲していた。たまたま天明の大飢饉にあい、里人たちの窮状を見、報恩の時は今なりといって立ち上がり、領民の救済に尽くし、引き続いて起こった疫病の流行には東奔西走して医薬を施して回り歩いたという。この伝説を裏書きするかのように『大日本人名辞書』平賀源内の項に、

跡を遠州に晦まし、口を方技に餬す。文化の初めこれを見るものあり。

と出ている。

❖『解体新書』

それまでは医師といえば全部が漢方医であったが、このころになってようやく西洋医学を学ぼうとする進歩的な考えをもつ医師も出てきた。杉田玄白・前野良沢らがそれで、二人はオランダ医書の『ターフェル・アナトミア』（人体図説書）を手に入れてあった。ところが二人とも読解できず、そのうえさし絵のうちに、従来の漢方医書と違う点が多く、理解に苦しんでいた。あるいは東洋人と西洋の異人とでは、体内の構造が異うのではないかとも思った。一七七一年（明和八）のある日、杉田玄白の所へ町奉行から、「千住骨ケ原で腑分け（人体解剖）をするから、参観したらどうか。」という知らせがあった。彼は千載一遇の好機、一人で見るのはもったいないと思い、同志の前野良沢と中川淳庵を誘った。二人とも喜び勇んで実験場へ駆け

つけ、初めて人体の内臓を見たのである。三人は丹念に蘭書と引き合わせて見たところ、その図絵と寸分の違いのないのに驚いた。彼らは一応、光明を見出したとはいうものの、その医書に書かれた説明は一行も読めず、臓器の性能については知るすべがなかった。当時は長崎にいる通詞たちでも、商取引か日常会話程度の通訳はできても、複雑な学術専門書の読解にいたっては及ぶべくもなかった。その時からというもの、三人力をあわせてオランダ語の修得に取りかかり、寝食を忘れてそれに没頭した。適当な辞書もなければ、文法の大略さえも心得た者はいない。それでも彼らはあきらめず、ある時は参府のオランダ人の助けをかり、ある時は動物実験をして探索するなど、暗中模索の苦しい研究が進められた。こうして、年を重ねること四年、稿をかえること一二度、ついに近代医学の基幹書『解体新書』は脱稿したのである。本書は全部で四巻、二八編からなっている。

田沼の執政以前には、西洋の横文字がわずかに書かれていただけでも処罰されたほどで、本書の刊行は危ぶまれていた。なにぶんにも国内漢方医ばかりのなかに、この異色の医書が出ることは、従来の定説が根本的に崩されるというので、同業者らの妨害も多かった。しかし意次はその成功を心から喜び、献上本ということにして刊行させたのである。徳富蘇峰は、『近世日本国民史』に

当時のオランダ風なるものは、実に執政者田沼意次の鼓吹によるもの少くなかった。前野

良沢・杉田玄白ら一派の蘭学者が、間接にその恵みに浴したこと、もとよりおおうべからざることだ。

と説いている。徳川幕府開府以来一貫した基本政策だった封建鎖国・新規法度（はっと）の時代のなかで、大胆にも先例を無視し、全医界の反対を抑えて本書の出版を取りもった意次の信念と度胸は、高く評価すべきものである。

❖蘭　学

『解体新書』の出版は、わが国医療界に画期的な革命をもたらしたものだが、ただそれのみではない。これによって洋書の直接翻訳の道が開かれ、新しい学問が興ったも同じだといえるほどの大きな収穫があったのである。

前野良沢（一七二三―一八〇三）と、杉田玄白（一七三三―一八一七）を師とした若い蘭学者大槻玄沢（一七五六―一八二七）は、両師の業をうけて蘭学の大成を期し、普通では二年くらいかかるところを、三～四か月で修得するというほどの精進ぶりで勉学した。一七七九年（安永八）二四歳の時『六物新誌』という博物学の蘭書を訳述し、続いて一七八三年（天明三）『蘭学階梯（かいてい）』を著した。それにつき徳富蘇峰は、

かつて後藤梨春が著した『紅毛談』（明和二年刊）にはオランダ横文字が二五字入れて

あったため絶版させられた。然るに今度大槻玄沢が著した『蘭学階梯』には、オランダ文字はおろか、読み方、つづり方まで記してある。しかもそれが無事に通ったのは、幸せにも田沼意次がオランダ好みの時代に遭遇し、献上本の手続きを取られたからである（『近世日本国民史』）。

と解説している。田沼が世界の事情にくわしく、西欧文化の吸収に多大の意欲を見せていたことは衆知のことで、したがってそのころの新進学究たちが、彼の傘下に集まったことは自然の勢いであった。当時江戸の蘭学者にとって田沼はもっとも頼りになるパトロンだったといえよう。

その後杉田玄白は『蘭学事始』その他を、前野良沢は『和蘭訳筌（せん）』その他を公けにし、彼らの新著・翻訳は、玄沢と合わせて数百巻の多きに及んだ。まことにわが国が西洋の近代文化を吸収する基は、実にこの時代に確立されたのである。

杉田玄白の『蘭学事始』に次のような一節がある。

そのころより世人何となく彼国（オランダ）持渡りの物を奇珍とし、総てその舶来の珍器の類を好み、少しく好事と聞えし人は、多くも少くも取集めて常に愛せざるはなし。殊に相良侯執政の頃にて世の中甚だ華美繁華の最中なりしにより、彼船より、ウエールガラス（天気験器）テルモメートル（寒暖験器）ドンドルガラス（震雷験器）ホクトメートル（水液軽重清濁験器）ドンクルカームル（暗室写真鏡）トーフルランターレン（現妖鏡）ゾンガラス（観日玉）ルーブル（呼遠筒）といえる類、種々の器物を年々持越し、其余諸種の時計・千里鏡、並びに硝子細工物の類、あげて数え難かりしにより、人々その奇巧に甚だ心を動かし、その窮理の微妙なるに感服し、自然と毎春拝礼のオランダ人在府中は、その客屋におびただしく集るようになりたり。

以上ここに掲げた珍器の名称が、いかにもおもしろい。現代歴史書のなかに右の珍器の名を列記し、田沼の家に全部集められて意次が喜んで弄(もてあそ)んでいたと、まことしやかに記したものを時々見る。これらはみな、この『蘭学事始』から転借し、歪曲(わいきょく)して作った昭和製のインチキ史話ではなかろうか。

田沼の対外政策

❖田沼の開国思想と大船建造計画

一六世紀以来、日本に渡来したポルトガル人とイスパニア人は、南蛮文化をわが国にもたらした。しかしそれはキリスト教と表裏一体のもので、結果として殉教者の多くを出した切支丹（キリシタン）受難の悲惨な歴史的事件を誘発した。それにより日本は鎖国令をしいたのであるが、幕府は、対外通商による多分の利潤と、新文化移入の魅力には、多くの未練を残していた。窮余の一策として、比較的布教に関心が薄く、商才に長じていたオランダ人だけに特例をもうけ、長崎出島に限り居住を認め、通商のみを許した。出島は、今では地続きになっているが、そのころは長崎港内に人造された、扇の形をした面積一万三二〇〇平方メートルの一小島であった。

当時長崎にイサーク＝チチング（Isaac Titsingh）というオランダ商館長がいた。彼が商館長になったのは一七七九年（安永八）で、帰国したのは一七八四年である。その間、熱心に日本のことを研究し、帰国後その結果を『日本誌』という書にして残したことは既記したとおりであるが、そのなかにつぎのような一節がある（以下『日本誌』の資料は辻善之助著『日本文化史別録』よりとる）。

幕府においては、外人を国内に入れても害の無いことを知ったばかりか、それによって優秀な科学・芸術を学ぶことができるので、国内を外人に開放しようとした。明和六年若年寄松平摂津守（せっつのかみ）は、大船建造を許して日本と外国との交通を開き、外人誘致をしたいと提議したが、間もなく摂津守が死んで、このことは行なわれなかった。

明和六年（一七六九）というと、明治元年から逆に数えちょうど一〇〇年前にあたる。当時のわが国の最大限の船は千石船で、今の一〇〇トン程度の木造船であり、それ以上の造船は許されていなかった。同書はさらに、

長崎奉行久世（くぜ）丹後守広民は、バタビアから船大工を連れてきてくれと言われたが、同地の船大工は技術未熟で賛成するわけにゆかぬ。むしろ優秀な日本人を、自分がオランダへ帰る時連れていって、ひとかどの技術者に仕立ててこようと答えてやった。けれども日本には、人民の海外渡航を許さない禁令があるので、それもできない。やむをえず、船のひな型を造り、説明書を添えて奉行に贈ることを約して帰り、翌年その約束を実行した。

と語っている。この久世丹後守広民は、一七七五年（安永四）から一七八四年（天明四）まで

長崎奉行を務めている。当面外交交渉にあたったのが幕府の高官長崎奉行であったことを見れば、その背後に執政者田沼意次がおり、その内命で動いたのであろうことは容易に察することができる。大船を建造し、日本の手で欧州航路を開き、貿易を拡大して文化交流をしようと企てたのである。

オランダ大船の図（林子平作，長崎版画）

またチチングは、

当時田沼山城守意知は、豪邁なる精神を有していて、非常なる才識があり、父主殿頭意次とともに種々の改革を企てようとし、開国のことを図ったが、他の大官のために弾劾せられて遂に暗殺された。山城守の死によって、開国の望みは絶えた。

と記している。意知は「若年寄になって、中外の事を摂行した。」と彼の碑文にあることからも、当時の外務高官で、したがってチチングとも接触があり、意知の人物もよく知られていたことがわかる。田沼父子が、熱心な開国論者であったことも、チチングの書によって知ることができる。

前掲の長崎版画は、一七八二年（天明二）、林子平が、『海国兵談』の出版費用を得んとして、長崎で売り出したものである。上空いっぱいに説明が記されていて、当時のオランダ大船のもようがよくわかる。つぎはその一節。

毎年日本へ来るオランダ人は、本国より来るには非ず、みなジャワより来れり。ジャワはオランダの押領したる国にて、出張（でばり）の城のある所を、バタビアという。日本の紅毛館（オランダ屋敷）を出島と言うが如し。ジャワは日本の正南に当れり。此故に五月入梅の節南風を得て日本へ来船し、九月北風を待て帰帆す。これを定式とす。

その船の制甚だ壮大なり。まず大材を用いて船の骨組を作り、栗の角材を以て縦横に打合わせ、空隙（すきま）の処は漆（うるし）あるいはチャンをこめ、また外面水に入所は悉く鉛（なまり）を以て包む。船の大きさ横三丈余（九メートル余）、長さ一五丈（四五・五メートル）、深さ三丈八尺（一一・五メートル）、船の内は総三階なり。帆柱四本あり。中央の大柱一九丈（五七・五メートル）なり。帆の数一七。幟の数一二。四面に大砲三十余口を設く。砲毎に三貫目の玉を入るべし。

これが当時西欧先進国が誇る一流の外国航路船である。それでも機械力のない帆船ゆえ、年一往復しかできなかったのである。

❖『赤蝦夷風説考』

そのころ日本を囲む海外の勢力は、年とともに接近しつつあった。イギリスは西より、ロシアは北より、アメリカは東より……この三勢力である。いかに日本が鎖国制度に固執しようとしても、早晩この三勢力はみな、わが国を見舞わずにはおかなかった。彼らは、オランダ人のように、長崎出島の一角に押し込められて、わが国のいいなりになっているような温順な者ではなかった。イギリスはすでに東インドを経略して東洋方面に雄飛していた。その進路は中国に迫り、日本に及ぶは勢いのおもむくところであった。ロシアはすでにアジアの北部を全部領有し、沿海州・カムチャツカに至った。つぎに日本を目指していることは言うまでもない。またイギリスとの独立戦争に勝ったアメリカは、次第に勢力を太平洋岸に及ぼし、いつか必ず日本に接触すべき運命をもっていた。

右のように、その来る方向は異（ちが）っても、三者みな同じように日本に目を向けていた。三国のなかで最初にわが国と接触し、日本上下の鎖国の夢を驚かせたのはイギリスでもない、アメリカでもない、実にロシアであった。

ロシアは遠く一七三九年（元文四）軍船三隻をもって奥州・房州海岸を観測していたという事実もあり、明和・安永ごろ、密貿易も行なっていた。また千島方面では、エトロフ島民とロシア人との間に衝突が起こり、松前藩から兵を繰り出したこともあった。

そのころ紀州藩に工藤平助(一七三九―一八〇〇)という医者がいた。広く和漢の学にくわしかった。長崎に出てオランダ人について世界事情を聞き、『赤蝦夷風説考』という書を著した。一七八一年(天明元)に脱稿し、翌々年出版した。それには、
ロシアが次第に版図を拡げたこと。漂流の日本人を撫育して日本語を研究している。魔手は伸びて千島・カラフトに及び、今ではわが国周辺を乗り廻して地勢を見届けている。この際これを打捨て置くべきではない。まず要害を固めることを第一とせねばならない。密貿易については、これは建前としてはもちろん禁止すべきもの。しかし今の場合、これを禁ずるよりはむしろ表立ってロシアと交易を開くことを考えて見てはどうか。こちらでも先方の人情や地勢・兵備などを知るという益もあると思う。

また、蝦夷に金山が多くあるから、これを調べて掘り出し、それをロシアとの交易にあててもよい。ロシアと交易して見れば世界の事情も明らかになり、長崎での唐・オランダ貿易に、一方的に彼らに不当の利をむさぼられるようなこともなくなるであろう。

貿易の場所は、あながち北海の地に限らない。要害のよい港なら、どこでもよいと思う。このままにしておけば蝦夷がわが国の支配から離れ、ロシアの命令に従うようなことになるかも知れない。それは大きな脅威である。その時に至ってから悔いても返らぬことであ

る（辻善之助著『日本文化史別録』）。

ということが書かれている。この本が出たのは、かの林子平の『海国兵談』よりは一〇年も前のことで、開国論の出版物としてはわが国最初のものである。本書は初め、幕府へ奉る意見書として書かれたものだったという。田沼腹心の家臣三浦庄二、勘定奉行松本伊豆守秀持ら、これを見て大いに心動き、たびたび平助を呼んで所説を聞き、共感するところあって意次に取次いだのである。

田沼の屋敷には、かねてより蘭学者が多く出入りしていて、意次も意知も、海外事情には通じていた。一七七七年（安永六）には、エトロフ島民とロシア人との衝突を松前藩から藩兵を出しておさめたという事件もあり、また翌年にはロシア人より表向き商取引したき旨の申込みがあったと松前藩から報告があり、協議もしていた。したがって意次は、対ロシア問題については、かなり前から考えていたはずである。そこへ工藤平助の『赤蝦夷風説考』が現われたので幕議にのせ、平助の意見を採りあげて北方対策に乗り出したのであった。

❖北辺調査団

一七八五年（天明五）の春、数十名にのぼる調査隊を、千島隊とカラフト隊の二隊となし、北辺調査に向かわせた。

カラフトの調査は庵原弥六が担当した。彼は、西は「タラントマリ」、東は「シレトコミサキ」までを踏査したが、食糧が尽きたので、宗谷に帰ってきて越冬した。機械力のない船で海を渡り、わらじがけで極寒未開の地を行く辛苦は、想像にあまりあるところである。弥六はついに倒れ、不幸にもその地で死んだ。下僚大石逸平はそれにひるまず後を引き継ぎ、翌八六年「クシュンナイ」まで足をのばした。彼はその旅で「オオドマリ」において、年々大陸から交易に来る「ダッタン人」の一行に遭い、カラフトが満州（中国東北部）と境を接し、カラフトに満州の勢力が及びつつあることを知った。

千島の調査は最上徳内が担当した。彼は出羽に生まれ、一七八一年（天明元）江戸に出て、本多利明の塾で天文・測量・航海の術を修めた。一七八四年幕府より、北辺調査の命が利明に下ったが、利明病気のため代わって徳内が赴いたのである。

彼は、エトロフ島からウルップ島をくまなく踏査し、あるいはアイヌと起居を共にして、原住民の風俗等もくわしく調べた。徳内はかねてよりアイヌ語を学んでいたが、それが大きな役に立った。この二島に足跡を印したのは、漂流した者を除いては最初の日本人である。

徳内がエトロフ島の北部シェルシャムという地に行くと、そこで三人のロシア人一行に出会った。そのなかに日本語のわかるイジュヨという男がいて彼と親しく交わり、ウルップ以北の島のようす、またロシア人南進のようすなども知り、意外に大きな収穫があった。徳内はロシア領にまで足をのばして探検しようと思っていたが、田沼失脚と同時に帰国の命をうけて引き返した。帰ってくると彼は、それまでの調査結果をまとめ『蝦夷拾遺』五巻と、『蝦夷輿地全図』を著した。これにより、千島・カラフト方面の知識は、飛躍的にくわしく正確となり、十数年後の近藤重蔵・伊能忠敬の踏査、および二十数年後の間宮林蔵の探検に貴重な基礎資料として役立ったことは言うまでもない。

田沼の相良藩政

国政のうえでの田沼政治に対して、彼の自藩―相良の藩政は、それの縮図ともいえる。どうしても一応は目を通す必要があるであろう。

❖相良の地

相良の地は、大井川下流地帯に広がった肥沃な平地の一部で、すでに八世紀奈良時代に相良郷はひらかれている。一二世紀ごろ、藤原周頼(ちかより)がその地名をもって苗字とし相良氏を称した。相良氏は五代にわたり八〇余年間、相良庄二四か村を支配していたが、建久年間(一一九〇―一一九八年)九州肥後人吉庄(ひごひとよしのしょう)(九州相良)へ移った。その歴史的因縁で、旧相良町と人吉市は姉妹都市の契りを結んでいた(今は牧之原市と人吉市は友好都市)。

下って永禄から元亀・天正の戦国時代には、今川氏・武田氏・徳川氏争奪の渦の中に巻き込まれ、この地方住民はそれはそれは苦労させられた。戦乱の難を避けて富士山麓方面へ集団移

相良港風景　明治末期の写真

住したということもあった。武田氏はこの地に相良城・滝堺城の二城を築いて徳川勢に対抗していたが、一五八二年（天正一〇）三月甲州天目山に滅亡。この地方一帯は徳川氏のものとなった。家康は相良城を増改築させ「相良御殿」と名づけて自分の別所（別荘）とした。家康は駿府に退隠後、しばしばここに来泊し、鷹狩りや船遊山に興じた。相良川の一部を「上徳川」と、自分の姓徳川の二字を与えて命名したということもあった。相良川は水深ふかく、河口は漁港とし貨客港または避難港として相当利用されていた。当時、海上運輸の利は（風向きさえよければ）陸路の旅とは比べものにならなかった。大軍師である家康が、そこにぬかりあろうはずなく、相良港所属船全部に、いちいちお墨付を与えて自分の支配下においていた。自ら駿府往復、または荒井宿（新居）辺へ船旅をした記録も残っている。

その後約九〇年を経た一七〇五年（宝永二）、本多弾正少弼忠晴が新しく独立した相良藩（一万五〇〇〇石）を起こした。これによって遠州は、浜松・掛川・横須賀・相良の四藩となった。本多氏は忠晴・忠通（ただみち）・忠如（ただゆき）の三代四一年にわたりここを治め、一七四六年（延享三）奥州泉へ転封。すぐ後に板倉佐渡守勝清が来たが、彼はわずか三年で上野（こうずけ）国安中へ移った。続いて相良へは前の本多氏の一族、本多忠央（ただなか）が藩主として来たが、一〇年後の一七五八年（宝暦八）、彼は金森兵部の事件に巻き込まれて所領を没収されてしまった。

以上のような歴史をもつ町相良へ、田沼意次は本多氏の後の新藩主として迎えられたのである。

❖所領地

田沼意次が相良藩一万石の地を拝領したのは、一七五八年（宝暦八）一一月一八日のことである。その時彼は四〇歳であった。翌年二月、初めて国入りをして、家老倉見金太夫を供に領内村々を巡見して廻った。現在の相

田沼氏所領地の異動

1758（宝暦８）年11月	10000石	遠江国相良藩に新封
1762（〃 12）年２月	15000	〃　榛原城東で加増
1767（明和４）年７月	20000	〃　〃　〃　〃
1769（〃 ６）年８月	25000	〃　〃　〃　〃
1772（〃 ９）年１月	30000	三河国額田宝飯渥美　〃
1777（安永６）年４月	37000	遠州榛原，駿州志太　〃
1781（天明元）年７月	47000	和泉国日根郡で　〃
1785（〃 ５）年１月	57000	河内若江，三州宝飯　〃
1786（〃 ６）年10月	37000	天明元年と５年加恩分削られる
1787（〃 ７）年10月	10000	意次所領皆召上げられる 孫意明に陸奥下村藩下賜
1823（文政６）年７月	10000	四男意正帰封，相良周辺下賜
1868（明治元）年10月	10000	田沼意尊上総小久保へ転封

良町の大部分と、榛原町の一部である。

　その後彼の中央における地位が上がるに従い所領も順次拡げられ、最高時には五万七〇〇〇石になった。その地は、駿遠（すんえん）の穀倉地帯、豊橋周辺、大坂近傍の、いずれも温暖な沃野（よくや）で、異作凶作も少なかった。表面石高よりも実収はかなり上回っていたということで、他の一部大名から嫉視（しっし）されていた。

　その後、一七八六年（天明六）には、意次失脚に及んで二万石を召し上げられ、続いて翌年には残り全部を没収され、意次は隠居を申しつけられた。家督相続は孫意明に命じられ、奥州下村（現在福島市に編入）へ移され、陸奥・越後で一万石を与えられ、一応大名としての家名だけは存続された。

　以後三六年を経て一八二三年（文政六）、意次の四男意正（おきまさ）が帰封を許され、以後三代にわたり四五年間、相良藩一万石の藩主となった。一八六八年（明治元）、上総小久保藩（一万石）へ転封となるが、ほどなく同地で廃藩置県を迎えたのであった。

❖相良城

　一七六七年（明和四）七月、意次は従四位下に昇り、二万石に加増され相良に城塁を建設せよとの命を拝した。直ちに準備にかかり、翌年四月一一日、御城鍬（くわ）初め（地鎮祭）を相良御殿

相良城本丸址　左の建物は牧之原市史料館。城址の大部分は現在相良中学校・相良小学校・相良高等学校・牧之原市相良庁舎に使われ，民有地となっているのは一部である。

玄関前で行なった。町内神社仏閣はいっせいに工事の無事を願う祈願祭を執行し、町民は一〇日間、出し屋台を引き廻して祝賀の意を表した。

城域は、東西五〇〇メートル、南北四五〇メートル余で、約七万坪。その縄張り内に住んでいた七戸には坪当たり二分の割で、総額一九三両余の立退き料が下げられた。もとの相良御殿跡を本丸とし、北東を流れる相良川、北西の天の川を大外堀に利用し、そのなかに二の丸、三の丸の堀を角型にめぐらした平城である。堀の石垣は、江戸の請負師岡田新助の手で、一七七〇年（明和七）六月にでき上がった。続いて建物建築に取りかかっていたところ、一七七二年（明和九）二月江戸においても史上にも稀な「明和の大火」に遇い、田沼の江戸屋敷も類焼した。そのため築城工事は大分先へ延ばされ、竣工したのは一七八〇年（安永九）の春だった。

城の建物の主なものは次の通りである。

本丸御殿／客殿／三重櫓（やぐら）／御台所／御金蔵／文書蔵／太鼓櫓／東角櫓／二の丸櫓／南角櫓／西角櫓／南奉行所／御役所／大手番所／稲荷社／大黒天社／荒神社／湊御番所／湊御蔵／大手御門／御多門／二の丸門／薗口門／徳村門／長屋門／山本長屋／百間長屋／七十間長屋／作事長屋／三清長屋／喜清長屋／裏長屋／見附

伊達重村の寄進になる仙台河岸　37間現存

他に重役官舎に当たる武家屋敷が相当数あった。

意次は四月七日江戸を出発、一三日に相良到着。落成式等のため一〇日間城内に逗留した。

意次は、本築城工事を終始主宰した家老井上伊織に対し、そのできばえを賞し、労に報いるため、子子孫孫、家老職にする旨のお墨付を与えた。それは今なお井上家末裔が大切に保存している。

現在、古城をしのぶ遺跡に「仙台河岸」がある。この堀は、城内と外海を結ぶ軍事上の役目を秘め備えた船着場で、当時は、千石船が横着けできたという。仙台侯伊達重村の寄進によるためその名がつけられたといわれている。事実とすれば「伊達重村が中将任官を狙って田沼らに多額の贈賄をした。」という話は、案外こんなところから出たのではあるまいか。

相良城の遺品　左は猫足火鉢, 右は陣太鼓(いずれも牧之原市, 般若寺蔵)

築城費は明らかではないが、城は公けのものであるから、城主個人の負担とは思えない。そして、そのころ新築の沼津城には三〇〇〇両、勝山城には四〇〇〇両の補助金が幕府から出ているが、相良城には出ていない(『徳川実紀』)。領内の百姓町人から取り上げた形跡はさらにない。それならば、いったい築城費はどこから出たのであろうか。

かねてより幕府は、地方諸藩の力を弱めることを目的に、いろいろな名目をもって賦役(ふえき)をさせており、その例は多い。後に詳記する一橋治済(はるさだ)は、将軍の実父という地位を笠に、江戸城内西の丸に一大殿堂を造らせて自分の隠居所とし、そこに起居した。その西の丸の建築には、全国の大名らに賦役を仰せつけ、金だけで百数十万両を集めたという。それに比べれば事ははるかに小さかったが、相良城も同じように各大名らの協力によったものであろう。彼の地位と実力が、誰よりも築城費の金集めの可能なことを見透して命じたものと思う。そこにおいて彼は、有力な大名や政商らから募金したであろうが、その城が自分の居城であった関係で世間の疑惑を招いたらしい。

なかには贈賄の意を多分に織り込んで奮発し、露骨に代償をねだった

狩野典信作絵襖（牧之原市大沢，般若寺蔵）

者もいたであろう。前記伊達侯はその一人でなかったかと思う。

いまひとつ古城のおもかげを残しているものに、二の丸堀脇の「並木松」がある。現在、相良小学校土手にある十数本の老松がそれであり、大きいものは三メートルを超えている。

また城の遺物遺品で、築城後二三〇年の歳月を経てなお、現代にまで伝えられているものが国元には相当残っている。見てみよう。

①　城の石垣　　牧之原市　百花稲荷（ひゃっか）　蔵
②　地の神の石扉　　焼津市　教念寺　蔵
③　城内稲荷社御神体　　牧之原市　飯津佐和乃神社（はづさわの）　蔵
④　櫓　太　鼓　　牧之原市　大澤寺（だいたくじ）　蔵
⑤　陣　太　鼓　　〃　般若寺　蔵
⑥　狩野典信（みちのぶ）作絵襖（えぶすま）　　〃　〃
⑦　猫足火鉢　　〃　〃
⑧　刀箪笥（たんす）（総漆塗金紋入）　　〃　山本本家　蔵
⑨　狩野常信双幅　　〃　名波氏　蔵
⑩　狩野典信大幅　　静岡市　後藤氏　蔵

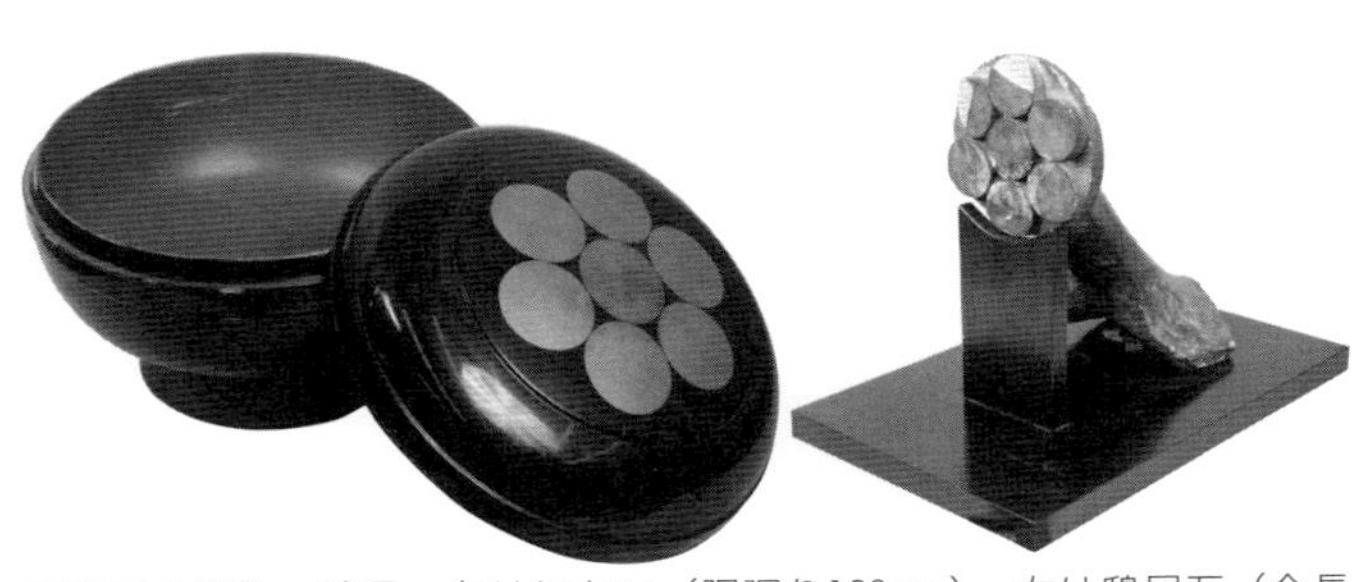

相良城の遺物・遺品　左はほかい（胴廻り120cm），右は鴟尾瓦（全長55cm）。（いずれも静岡市後藤氏蔵）

⑪　ほかい（飯櫃）　　静岡市　後藤氏　蔵
⑫　三重櫓の鴟尾瓦　　〃　　〃

右のうち般若寺蔵の絵襖は、幅一・五メートルの大杉戸。狩野栄川院典信の大作で、もと一四本あったうちの六本（表裏一二面）がこの寺に保管されてきた。

典信は、田沼の寵を得て幕府のお抱え絵師となり、法印の位に昇った、そのころ最高位の画家。狩野常信より四代目にあたる直系で、田沼の屋敷のあった木挽町に居を得、以後その一統を「木挽町狩野」と呼んでいる。末流に狩野芳崖・橋本雅邦という明治の巨匠を出している。

なお城の建築をしのぶ参考として大澤寺がある。同寺は築城の最中に焼失し、城落成後、城の余剰材の寄贈を受けて新築したものである。総ケヤキ造りで、内部の彫刻も豪華なものである。相良城完成後、引き続いた工事であり、工匠もおそらく同一であったはずだから、この寺を見れば、城の用材や美装の様子もおおかた察しがつくであろう。

相良城の余剰材で造った大澤寺本堂の内陣（牧之原市波津）

❖藩政の跡

中央における田沼の政治が、積極的な近代型政治であったと同様、相良藩政もまたきわめて進歩的で、見るべきものが多かった。まず築城と並行して、城下町としての風格を備えた都市造りに取りかかり、道路は京都の街を模した碁盤目に、幅員は駿府の町と同じ四間道路に造り替えた。相良川はそれまで渡船だったが、新しく湊橋をかけた。また町中にわら屋根の家はふき替えるよう触れを出して、貧窮の家には実費を与えた。平田寺（へいでんじ）・八幡神社はそれぞれ特別志納金を贈って新築させ、さらに平田寺へは法衣二通りを、八幡神社へは御神輿（みこし）と馬具を（いずれも現存）寄進した。八幡神社には現在国指定無形民俗文化財「御船神事」があるが、これも田沼が最初に、海上安全祈願のために奉納したものといわれている。

田沼街道　他藩他領間の交通を抑制し、要所要所に関所をおいて取り締まっていたというその当時、田沼は、相良―藤

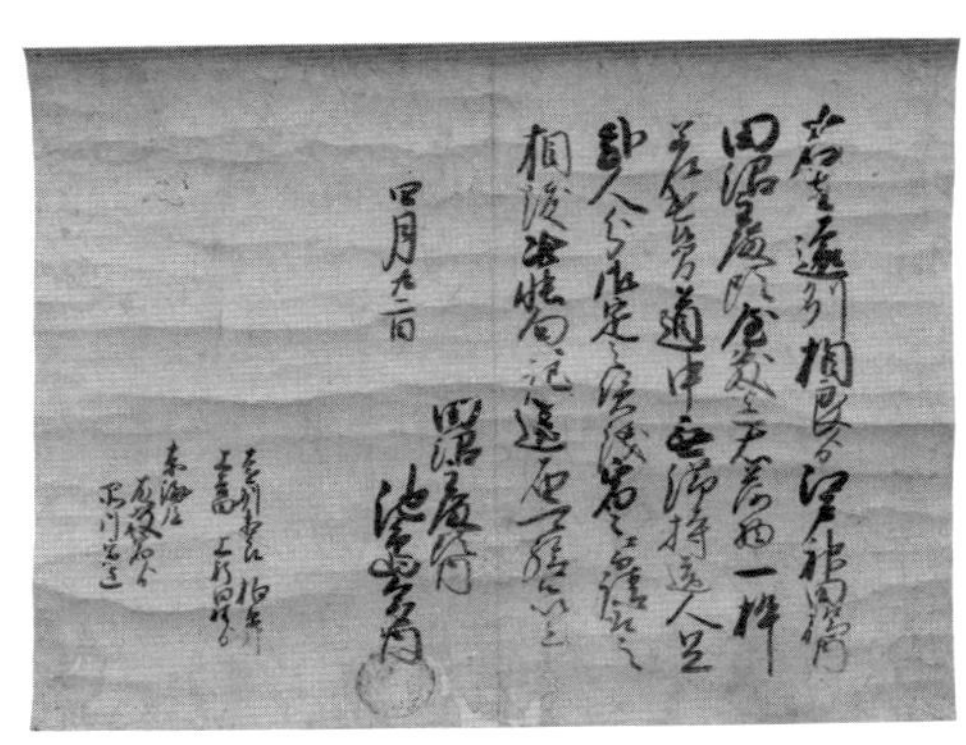

当時の道中手形（静岡市後藤氏蔵）
右者遠州相良より江戸神田橋内田沼主殿頭屋敷迄右荷物一枠差遣候間道中無滞持送人足弐人分御定之賃銭宿々にて請取之相渡此帳面に記送届可給候以上
四月廿二日田沼主殿頭内池島多門
遠州相良柏原村上吉田上新田村より東海道藤枝宿より品川宿迄

枝間に新しく相良海道をつくった。

函根八里は　馬でも越すが　越すに越されぬ
大井川

と歌われ、箱根以上に交通上の難所とされていた大井川は、島田宿と金谷宿に川会所（各役人は数十人、人夫五〇〇人くらい）をおいて通行人を取り締まっており、橋も渡船もなく、人の肩で渡河させていた。その渡し場以外の所での渡河を禁じていた大井川に、彼の権威をもってその下流に相良海道を貫き通した。現在地にあてはめてみると、牧之原市相良から同榛原・吉田町を通り、富士見橋辺で焼津市大井川に渡り、藤枝市前島で東海道に連絡するもので、全長約七里である。

村内だけの「こまぎれ道路」しかなかったころ、東海道に連絡する中距離取合道路の開通が、いかに大きな福利を沿道住民にもたらしたことであったろうか。この道をその後、誰からともなく「田沼街道」と呼ぶようになった。いまJR藤枝駅からすぐ南へ向かって藤相田沼街道という県道三三号が通っているが、この通りは、以前は単に田沼街道と呼ばれており、ここが昔の相良海道の最北端である。

産業奨励　一七七一年（明和八）には、「村に申渡之覚」を発し、村々に桑を植えて養蚕することをすすめ、〝蠟はぜ〟などの栽培を奨励して農閑余業の発達をはかった（『静岡県の歴史』）。

徳川家康が文禄のころ相良で塩を造らせた記録もあるが、その後相良製塩は次第に伸びて、東遠州地方一帯に供給されていた。藩では、一七八五年（天明五）に、この塩業拡張資金を融資する旨の触れを出している。

また別に、製瓦業者へ、合理化資金を貸し出した史料も残っている。それによると、金額一〇〇両七か年年賦、利子は年々目板七〇〇枚の製品物納という約定になっていた。

飢饉救民　天明の大飢饉の時のことである。この地方も庶民の生活は危機に瀕していた。藩は領民救済のため、男米二合、女米一合分の割で、一七八六年（天明六）一二月五日からむこう五〇日分、恩借金が与えられている。最初恩借の願い書には三〇日分を申請したのだったが、藩が五〇日分に増額している。そして返済のできない窮民は、「下され切り願書」を差し出せばもらい放しでよいという、まことに温情あふれる処置がとられていた。

藩学校　田沼藩は前期数万石の意次全盛時代から、奥州下村転封時の中断期を経て、後期一

今に残る筆塚。（牧之原市男神,男神天神社）

万石時代に移るのであるが、その後期一万石時代、相良に「盈進館」という藩学校（藩校）があった。その盈進館につながりがあるかどうかはっきりしないが、前期のころ、学校の存在したことだけは、つぎの筆塚（碑）のあることによって知ることができる。

　安永・天明のころ、滕正利蹻斎（本名大村新左衛門）という藩士がいた。彼の手で一七八二年（天明二）九月に造られた「筆塚」が現在も残っている。筆塚というのは、むかし中国の書聖王羲之七代の孫、隋の釈智永（六〇〇年ごろの人）が古くなった筆を集め、塚を造って祀ったことに始まっている。正利の造った筆塚はそれを模したもので、碑文はつぎのようなものである（原文漢文）。

それ書は類と形により倉頡始めて制す。のち形声を益して文字なるなり。周籀文を署し秦小篆を作り、魏晋に至って善と美をととのう。わが東方の書法これなり。……（中略）……筆は正しき器なり。宝なるかな。宝なるかな。斑竹の管たりと虽も、机下に投ずることなかれ、獅子は花痩せても何ぞ荒野に放つ者有らんか。智永は禿筆を十八のかめに貯えて貴び、懐素は棄筆を山下に埋めて祭りぬ。細鱗が蛟龍を追い、蒼縄が駿足に付す。余まことに斯くの如きか。聊か余光を記し、童蒙を誘って筆塚を築きたるのみ

天明二年九月二十五日建
滕　正利躪斎

相良藩士であった正利が、児童らを誘って、廃筆をまとめて感謝のお祭りをし、この筆塚を造ったというのである。

東京の日暮里の青雲寺に滝沢馬琴の筆塚がある。それは文化七年の作だから、正利の筆塚のほうが二八年ほど年長ということになる。

❖派手な収城使

一七五八年（宝暦八）田沼意次が相良藩主となってから、上昇一路に栄えてきた城下町相良に、一七八六年（天明六）九月、突如、意次の老中罷免、将軍家治薨去（こうきょ）の報が届き、続いて一〇月には所領二万石召し上げ、神田役宅と大坂蔵屋敷没収の報がもたらされた。その後の一年間、江戸からの通信も、耳に入る世間の評判も、一つとして良いことはなかった。ついに翌年一〇月初旬早飛脚でもって、つぎのように幕命の下ったことが知らされた。

一、殿様罪蒙（こうむ）り蟄居（ちっきょ）仰せ付けらる
一、孫意明家督相続申付けらる
一、相良城並びに旧所領みな没収せらる

一、奥州下村藩に転封命じられ一万石賜わる

さっそく一〇月一二日幕吏四〇余人が相良へ来て、治安維持と公収準備に取りかかった。ついで一一月二三日収城使岡部美濃守長備（みののかみながとも）（和泉（いずみ）岸和田五万三〇〇〇石城主）一行二六〇〇人が、一大大名行列を組織してやってきた。

この大名行列の壮観さは、当時よほど人目を引いたものらしく、江戸出発の状況がくわしく『甲子夜話』に載っている。別記した行列（次ページ）がそれである。別に『相良史』にも同じような行列で乗り込んだことが記されている。

美濃守は本陣と定めた平田寺（へいでんじ）に、家老中与左衛門は新町鍋屋市兵衛方に、以下全員町内民家に分宿した。平田寺は田沼家の菩提寺で、意次の寄進で新築し、前年の一七八六年（天明六）に落慶（らくけい）したばかりであった。そこが幕府方収城使の本陣になったとは、皮肉なめぐり合わせであった。

幕府側は、城方人数の七倍の大部隊というのに、さらにそのうえ、田中・掛川・横須賀・吉田の各藩から五〇人ずつの応援隊を繰り出させ、遠巻きの形で相良郊外に待機させておいた。いよいよ一一月二五日の朝六ッ時——旧暦霜月末の寒さもっとも厳しいころの明け方どき——鉄砲五〇挺、火縄に点火して構え、弓五〇張、矢をつがえた物々しいなかを、騎馬隊に前後を守らせた岡部美濃守は、陣笠、陣羽織のいでたちで、鹿毛の馬にまたがり入城した。

収城使岡部美濃守一行江戸出発の行列（『甲子夜話』より摘録）

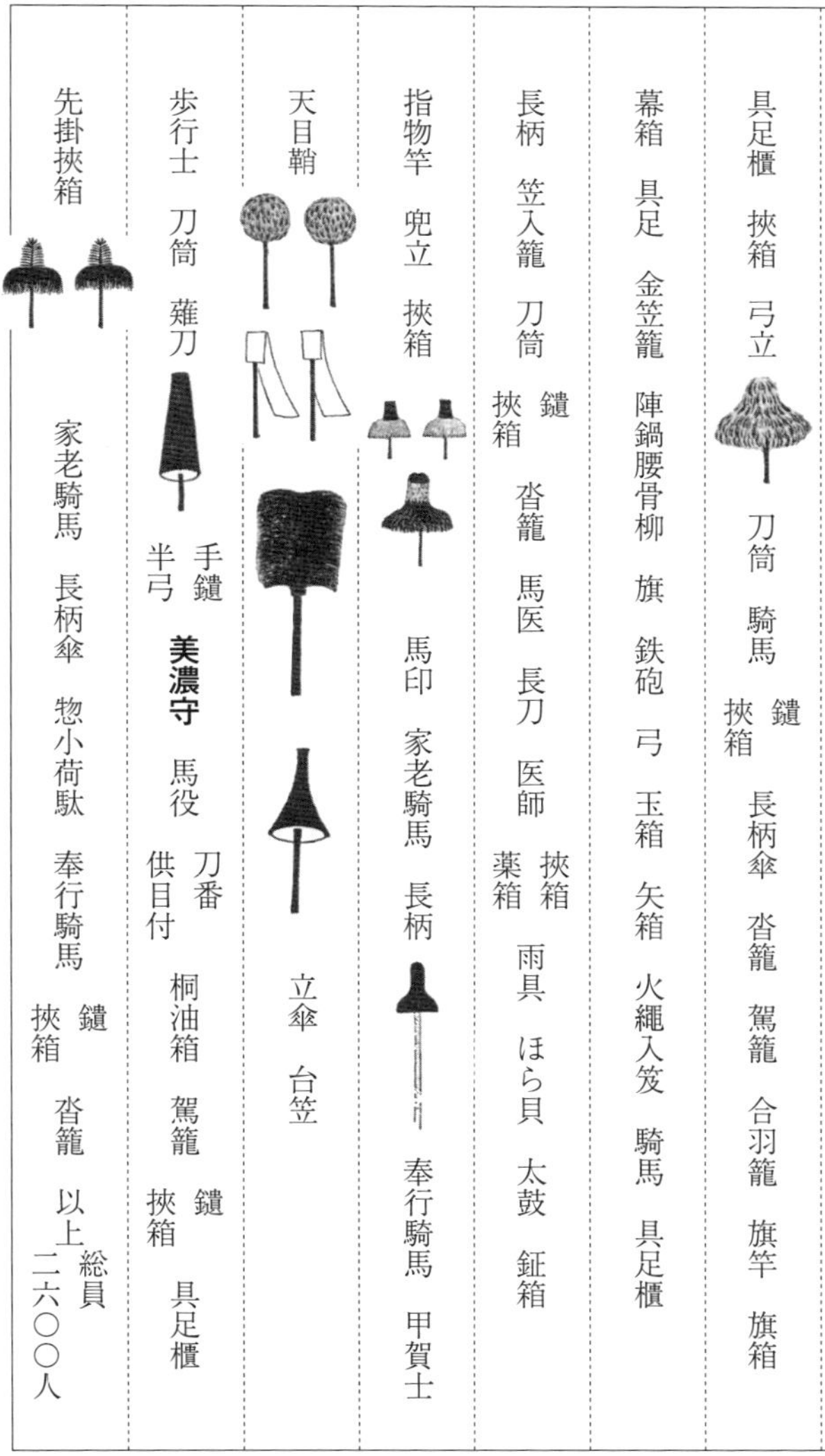

具足櫃　挾箱　弓立　刀筒　騎馬　鑓 挾箱　長柄傘　沓籠　駕籠　合羽籠　旗竿　旗箱

幕箱　具足　金笠籠　陣鍋腰骨柳　旗　鉄砲　弓　玉箱　矢箱　火縄入�　騎馬　具足櫃

長柄　笠入籠　刀筒　鑓 挾箱　沓籠　馬医　長刀　医師　挾箱 薬箱　雨具　ほら貝　太鼓　鉦箱

指物竿　兜立　挾箱　馬印　家老騎馬　長柄　奉行騎馬　甲賀士

天目鞘　立傘　台笠

歩行士　刀筒　薙刀　手鑓 半弓　**美濃守**　馬役　刀番 供目付　桐油箱　駕籠　鑓 挾箱　具足櫃

先掛挾箱　家老騎馬　長柄傘　惣小荷駄　奉行騎馬　鑓 挾箱　沓籠　以上　総員 二六〇〇人

平田寺　牧之原市大江にある。本堂左端に見える唐破風(からはふ)の屋根が田沼家専用の玄関である。

城方は、城代倉見金太夫・家老各務久左衛門・中老潮田由膳以下三七一人、麻裃(あさがみしも)の正服で定めの部署につき、整然として迎えた。収城使主席岡部美濃守・同家老中与左衛門・御上使永井伊織・同久留十左衛門・代官前沢藤十郎以下一行は、城内主要建物を一巡して検分し、異状なきを見届けたうえで本丸御殿において、城の正式受け渡しを行なった。

別に付属事項として、金一万三〇〇〇両・米一五〇〇俵・馬四〇頭・武具馬具一切の引き渡しが、担当重役の間で行なわれた。これらはかねてから整頓してあったから、比較的短時間に終了した。美濃守ら一行は、家老中与左衛門以下三〇〇人を残し、その日一一時に発(た)って五里の道を急ぎ金谷に引き揚げ、そこに一泊した。

田沼の藩士らは裏門より下城し、一同揃って堀外の道路に下座し、礼義正しくお城を見返して、しば

相良城破却日誌（『相良史』より摘録）

一月一六日	大手御番所冠門南角櫓	人足　三〇〇人
一七	〃　〃	三〇〇
一九	冠門角櫓園口門徳村門	三〇〇
二〇	大手番所二の丸門太鼓櫓	五八〇
二二	長屋　作事門　御台所	五一〇
二三	御本丸　作事長屋	五八〇
二四	〃　御殿	五八〇
二五	〃　〃　倉見屋敷	八九〇
二六	間淵屋敷多賀谷屋敷他	八九〇
二七	三重櫓　各務屋敷他	一〇〇〇
二八	〃　潮田屋敷他	一〇〇〇
二九	御城内	一〇〇〇
三〇	材木取形付	五〇〇
二月　一日	七十間長屋	五〇〇
二	〃　物頭屋敷	一〇〇〇
三	山本長屋　他	一三〇〇
四	奉行所　三清長屋他	一三〇〇
五	片付け　解散	

し慟哭（どうこく）（男泣き）したということである。

❖惨めな最期

国元藩士のうち奥州下村へ移っていったのはわずかだったらしく、七、八割は浪人している。家庭事情などをも聞いて一二月二三日から翌一月一九日まで五回、五〇〜七〇人くらいずつお暇が出された。その時の退職手当は、御物頭席金二〇〇両、以下小役人金四〇両まで、九段階に分けて支給されている。

城公収後の処置につき、幕府当局は、活用する途など少しも考えず、ただ感情のままに、全部破壊することにした。すでに田沼は去り、城は完全に幕府のもの、国の財産である。何もわざわざ手をかけて潰（つぶ）すこともなかろうに、非常識きわまる愚策で、狂気のさたと言うほかはない。破壊作業は上表のとおり、一七八八年（天明八）一月一六日から二月五日までかかり、御殿・櫓・御門・長屋・役宅から塀

意次の墓のある勝林寺（東京都豊島区駒込）

に至るまで、残らず潰してしまった。続いて二月二二日、材木その他建具や什器などの競売処分をしたうえで、中与左衛門らは相良を引きあげていった。

意次はその年七月二四日江戸で没し、駒込勝林寺に葬られた。この後相良は幕府の直領となり、江川太郎左衛門、続いて野田松三郎が幕府代官として赴き支配した。一七九四年（寛政六）には一橋治済の預領となったが、彼は相良城址を使わず、別に「御用所」という陣屋をつくって以後三三年間、代官をしてこの地を支配させた。一七九二年（寛政四）小林一茶が相良へ来て、つぎのような哀歌を詠じている。

石運び　なげき照りつむ　しめし野の
　人のあぶらに　光る城かな

城の建物みな破壊しつくされ、荒狁（こうりょう）たるなかで、人足たちがあぶらあせを流して堀の石垣を崩して運び出している状景である。

かつて意次時代の二九年間、藩域拡大、藩士漸増の一途をたどり、城造り、町造り等、建設ブームにわき、田沼の仁政を謳歌していたこの地の住民は、意次失脚を境に、頂天からドン底に落とされたのである。藩は転封され、城は取り潰され、失業者は増え、取り立ては厳しくなる一方であった。民心は荒れに荒れ、ついに一八二二年（文政五）、一揆の暴動となって現われ、代官所が襲撃された。時の代官馬場新兵衛は命からがら江戸へ逃げ帰ってしまった。彼の報告によって、これはよほどすぐれた人物でなくては、この地の治安は保たれないとして、当時「日本三代官」の名ある徳政家小島蕉園を起用することになった。彼が赴任したのは一八二三年（文政六）四月だったが、その年七月、相良を中心に四〇か村一万石を一橋領から分離させ、田沼意正を奥州から呼び戻して相良藩を復興させ、その藩主に据えた。そこで初めて人心安定し、平常に復したという。

以後田沼家は、意正・意留（おきとめ）・意尊（おきたか）の三代にわたり四五年間、一八六八年（明治元）上総小久保へ転封するまでこの地を治めた。意正は若年寄から側用人にまでなっており、意尊も若年寄を勤仕した。意尊は元治元年、水戸天狗党の乱（藤田小四郎・武田耕雲斎ら）に鎮圧軍の総督を拝命し、相良藩兵を引き連れて遠征した。彼は幕府方の二本松・宇都宮・忍（おし）・高崎・古河（こが）・佐倉・関等の藩兵と、水戸藩正規兵の連合軍を指揮して交戦八か月、ついに反乱軍を全滅した。

明治の世になり、意尊の子孫は華族に列し、子爵を授けられた。意尊の女婿（じょせい）「望」は明治天皇の侍従となり、その子「正」は大正天皇の少年期御学友に選ばれて奉仕したのであった。

Ⅳ

政変の裏表

喬木風多し

❖虚説の氾濫

根拠のない評判でも、筋の通らない説でも、それが世間一般の声となって広がり、年を重ねていくうちに、人びとの目は知らず知らず節穴となり、うそと真実との判断ができなくなって、「うそから出たまこと」という故事どおりになることは少なくない。田沼意次についての評価はそのもっとも顕著な例であろう。彼を中傷した虚説は輪に輪をかけて伝わり、それがいつのまにか真説となってまかり通る。当時の反田沼一派の作った虚説のほかに、昭和になってから作られた虚説までも登場して、現代歴史書をにぎわしているのには驚く。

以下、田沼誹謗(ひぼう)の諸説をならべ、それを解剖してみようと思う。

『甲子夜話(かっしやわ)』 著者松浦清(静山)が九州平戸六万一〇〇〇石の藩主というので、世間の信用も厚く、数多い田沼誹謗の噂本のなかでは中心的な柱ともされている随筆本である。本書は一八二一年（文政四）一一月の甲子の夜起稿したことから『きのえね夜ばなし』＝『甲子夜話』と名づけたもので、「田沼時代」から四〇余年後のものである。つぎはそのなかの一節。

官医栗本瑞見の祖父は、かつて享保のころ奥医を勤め、吉宗公の御様子を直接知っていたので、瑞見、家治公のお尋ねに答え、享保中の吉宗公御徳行のかずかずをお話し申し上げた。家治公御喜悦遊ばされ、今後も折々話されたしとの御諚があった。誰やらそのことを密かに相良侯に告げ口したらば、翌日相良侯は瑞見を呼んでしたたか叱りつけ、以後決して右のようなこと御話し申し上げぬよう申しつけ、また左右の者に言いつけて、瑞見を召さないようにさせたという。

これは、意次が、主君家治の聡明になられるのを、おおい妨げたということであるが、年経て後、主殿頭威福を張り、もっぱら壅蔽（おおい妨げ）せしようにのみ申し伝ふるはあやまりなり。主殿頭も常に家治公の御英明をおそれ奉りしとぞ（『徳川実紀』）。

と、随筆本『甲子夜話』の記事を、正史『徳川実紀』は否定している。『徳川実紀』が徳川の幕政をもっともくわしく、もっとも正確に伝えた典籍であることは改めて説明するまでもないであろう。

生きている京人形　同じ『甲子夜話』のなかに、ちょっと人目を引くつぎのような話がある。

勘定奉行の松本伊豆守、赤井越前守などというやからも、互いの贈答品の大を競っていた。

京人形一箱の贈り物などは、京都より歌妓を買取り来て美服を着せ、それを箱に入れ、上書きを京人形としたという。

と、田沼の下僚松本伊豆守、赤井越前守の二人の高官の間のやりとりのことが書かれている（これ自体も実話ではなく、歌舞伎所作物「京人形左彫（ひだりこがたな）」からの盗作らしい）。

ところが、右の『甲子夜話』の話を歪曲（わいきょく）したと思われる歴史書もある。読売新聞社版『日本の歴史』のうち田沼収賄談で、「生きている京人形」という小見出しつきで、

あるところから意次のところへ京人形一箱として贈ってきたのを開いてみたら、中から生きた京人形、つまり京美人がりっぱな着物をきて出てきたということもあった。

と、受け取った人物を田沼意次にすりかえ、田沼収賄の話題にして世間にひろげている。これはおそらく執筆者が、田沼の収賄談を書こうにも、具体的な史実はなく、困ったあげく、人目を引く他人の珍話を盗作歪曲（わいきょく）してお茶をにごしたものと、私は見ている。

わざと歪曲解説　これと同じように、『甲子夜話』の記事をわざと悪意に曲げて解釈し、田沼誣陥（ぶかん）（無実の罪をきせる）の手段にしたものがある。

『甲子夜話』のなかに、著者松浦静山が田沼家を訪問した時、あまりに多い来客に驚いて目を見張ったことが書かれている（その全文は五〇頁にあげておいたから参照してほしい）。その時、

彼一人はたしかに、猟官運動のために田沼邸を訪れたものらしい。けれどもその場にいた他の人びとの来意を知るはずはなく、また同書に記載されてもいない。それなのに、東京大学出版会刊『日本歴史講座』には、

こうして田沼の門は、猟官運動や利権あさりに狂奔する幕臣・大名・町人などによって市をなしたことは、その一人であった肥前平戸藩主松浦静山の『甲子夜話』などに記されているとおりである。

と、数多い田沼家来訪客全部を「猟官運動や利権あさりに狂奔する」人びととひとり決めし、『甲子夜話』に書いてないのに、いかにも記してあったようにわざと偽って解説している。

老中松平武元の死因　つぎに掲げるものも、読売新聞社版『日本の歴史』中のものである。

老中筆頭の松平武元は極めて清廉な、典型的な譜代の人物であり、彼のいるうちは、田沼もまだ権力をほしいままにしなかった。もっとも武元の死んだのは田沼の陰謀から、老いの身をたびたび狩りに引っぱり出されたのが原因だという話もある。

とあるので、二人の年齢を調べてみると、武元の死んだのは六七歳。その時意次は六二歳であった。若い壮年者と六〇余の老人だったら、陰謀という憶測も成り立つが、同じ六〇代どうしであれば五〇歩百歩。意次が狩りに誘ったことはあったにしても、それが、武元だけの疲れ死にを願っての陰謀というのは、あまりにもかんぐり過ぎた、ひがんだ見方と思う。

夢の物語　すでに次代将軍に決まっていた家治の長男家基（当時一八歳）が、一七七九年（安永八）二月、江戸近郊の新井宿辺りに鷹狩りに行き、急に気分が悪くなり、急ぎ帰城して手厚い看病をしたのに、わずか三日目、不帰の客となった。それにつき中央公論社版『日本の歴史』は、

その鷹狩には池原雲伯という典薬がついて行ったが、これが意次の意をうけて一服盛ったのだという。このころの毒薬には班猫（はんみょう）という毒虫の毒がよく使われたのである。……中略……こうして意次は、家基の急死に乗じて、一年おいた天明元年一橋治済の長男豊千代を将軍家治の世子に迎えることに成功した。これが一一代将軍家斉である。意次の弟意誠（おきのぶ）が一橋家の家老であった関係で、治済と緊密に連絡しつつ事を運んだのである。

と説明している。また読売新聞社版『人物日本の歴史』も、

弟意誠は一橋家の家老となり、家斉を将軍とするのに一役買った。

と書いている。

この将軍世子家基の死は、吉宗・家重・家治と継がれてきた徳川家正流の血が、側流の一橋の血に変わっていった重大なポイントをなしている。家治の寵臣（ちょうしん）意次にとっては、彼の運命を変えた魔の起点となったもっとも不幸な事件である。右の中央公論社本の憶測のように、意次が、家基毒殺の黒幕だなどとはとんでもないことで、動機のうえから見てありえないことであ

る。
　なおこの事件で重要な一役を演じたという弟意誠は、家基急死の一七七九年よりさかのぼること六年、一七七三年一二月一九日、兄意次より前に死んでいて、すでにこの世の人ではない。田沼家系譜にも、「寛政重修諸家譜」にも、この日意誠が死んだことが記録されており、それにまちがいはない。意誠の没した時、当の豊千代は産まれてわずか二か月の嬰児（えいじ）であり、宗家の家基は一二歳で成人していた。一二歳の将軍世子があるのに、分家の嬰児を将軍後嗣にと運動するはずはない。また意誠が没して六年後の家基毒死事件に、亡者意誠が暗躍することもありえない。さらに二年後、豊千代を将軍家養子にするため、意誠が一橋治済と連絡して一役買ったなどということは、まさにナンセンスであり、この話は実に根も葉もない夢の物語である。

没収された米金　田沼の失脚後、屋敷や居城とともに幕府に没収された在庫の米や金銀の高を書いた噂書きが、その当時江戸でまき散らされたと、『日本文化史別録』にのっている。

米　五百八十万俵　遠州相良にあり
金銀　七億八十万□　相良・江戸屋敷にあり　（以下略）

と書かれており、これについては、さすがに同書も「途方も無い数字」といっている。ところが相良には、その時受け渡しした米金の高の、正しい数量を知る資料が残っている。

相良城が一七八七年（天明七）一一月二五日、幕府に没収されたことはすでに記したとおりだが、その開城に先だち、幕府より、城付として相当の米・金・塩・味噌を残しおくべしとの指令があった。その時の答申書の写しが、相良追手の小塚氏の所に保存されている。

相良御城附御届写
相良城附のため米金塩味噌相応に残し置くべき旨御書付を以て仰せ渡され候之に依り米千俵・金壱万三千両・塩三十俵・味噌十樽相残し置き申すべく候　田沼竜助差扣中に付此段私より御届申上候　以上
十月廿七日　土方彦吉

なお当時の家老井上伊織の手記にも、右と全く同じの米・金・塩・味噌を差し出したことが記してある。それは末裔の井上氏（在東京）が所蔵している。

また『相良史』（著者山本吾朗）のなかの開城記にも、

御城へ御附渡之金子壱万三千両、御米千五百俵、其他武具馬具残らず、中与左衛門様（収城使岡部美濃守の一番家老）御預りなされ……下略　十一月二十五日

とある。米五〇〇俵の相違は、年貢米収納期の関係で在庫米が増えていたので多く出したらしい。それにしても、江戸での噂米五八〇万俵が実は一五〇〇俵、金銀七億八〇万が実は一万三

〇〇〇両であったとは、その針小棒大ぶりに一驚しない人はないだろう。

田沼の収賄とか汚職とかいっても、さて、贈り主も明らかで、内容も幾分わかっているものとなると、数はきわめて少ない。『徳川太平記』の一節に、

彦根侯より田沼へ贈られしは、石台の方九尺ほどの内へ一つの小屋を設け、屋根は小判で葺き、壁・戸はめ、みな金銀もて飾り、庭には豆銀をちりばめ、そこに小動物をあしらった豪華なもの。山家の秋景を摸して造ったとのことなり。

という意味のことが書いてあった。それはたしかに世に稀な豪華な贈り物といえよう。がさて、噂の贈り主彦根侯井伊直幸は、過去七〇年間空席になっていた大老の座についた人物である。田沼の推挙によって一七八四年（天明四）、意次自身もなれない大老にさせてもらったのである。そこで彦根三五万石の大大名井伊家では、謝礼の意を一杯にこめた大老就任披露の品を、田沼邸に届けたのであろう。当時、世間に珍しがられ、評判になったのは当然である。

❖賄賂（わいろ）の問屋

また別に、贈り物の数の多かったことにつき、『甲子夜話』につぎのような記事がある。

田沼氏、暑気あたりにて臥したる時、見舞客の一人が、この節は何を翫（もてあそ）びたもうやと問う。用人が、菖盆（しょうぼん）を枕辺に置いて見られ候と答えしによって、翌日より諸家各色の石菖（せきしょう）を

大小となく持ち込み、大なる病室も所せまくなるほどで、取扱いにもあぐみしという。

これは田沼に限らず世間には多くありがちなことで、いつの時代でも政界一の実力者が病臥したとなれば、好みの品が見舞として数多く届けられ、処分にも困るほどになるのはあたりまえである。古今東西、そのようなことがない場合を探すほうがむずかしいだろう。

杉田玄白の随筆『後見草(のちみぐさ)』によれば、田沼邸に膝行(しっこう)頓首するやからが異国の珍宝まで贈ったといい、

唐、オランダの商人ら、日本では七曜の模様付たる物は、高価に売れると考え、其模様つけたる織物類、積み来ること多し。これは田沼殿の御家紋七曜なるが故なればなり。

とある。俊敏な外国商人が、国内の風潮を見て取り、織物類の模様に七曜紋を使ったというのである。しかしこのことや、大老になった彦根侯からの進物が豪華だったこと、病気見舞に鉢植が多く来すぎて困惑したことなどを取り上げて、収賄の大家といって一途に田沼をそしることは、どんなものだろうか。

❖進物の実態

それにしても、田沼と聞けば「賄賂」が頭に浮かぶほどに、彼の収賄は根強く世間の定説とされてしまっている。ところで、いったい彼のもとにどの程度の進物が来たか。それは人びと

のもっとも知りたいことであろう。

筆者が所蔵している、田沼に来た贈答品案内十数通のうち、具体的に贈り主、品名、数量を明らかにしているものが、七通ほどある。そのうち四通は、将軍家への献上品を、直接将軍宛に送りつけないで、田沼邸へ届けて取り次ぎ依頼をしており、そのついでに田沼にも贈られたものである。

A

まず最初に取り上げた次頁上掲の書状は、九州福岡五二万石城主黒田治之から、博多織嶋三端（縞三反か）の将軍家献上の取り次ぎ依頼と、残り一端を田沼へ進呈する案内状である。祖黒田官兵衛は、秀吉、家康に仕えて大功を立て、松平姓を賜っている。

一筆致啓上候
公方様　大納言様　益御機嫌能被成御座奉恐悦候　弥為可奉伺御様体各御中迄以飛札申上
如例年博多織嶋三端献上仕儀御座候　将又貴様御堅固御勤可被成珍重御事候　仍御残一
端致進覧候　恐惶謹言
　九月廿五日　松平筑前守　治之　花押
田沼主殿頭様

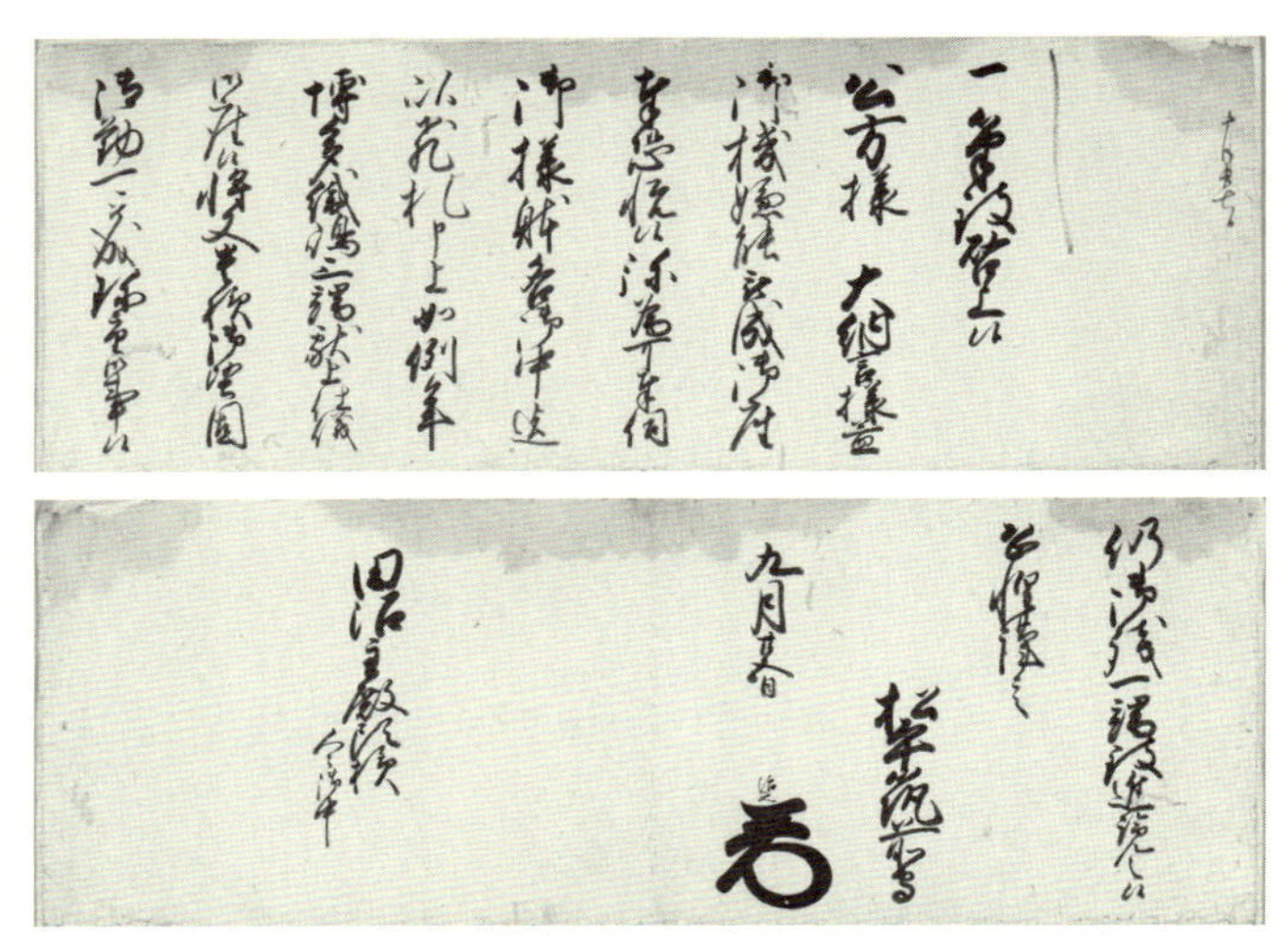

Ａ：黒田治之より博多織献上の書状（静岡市後藤氏蔵）

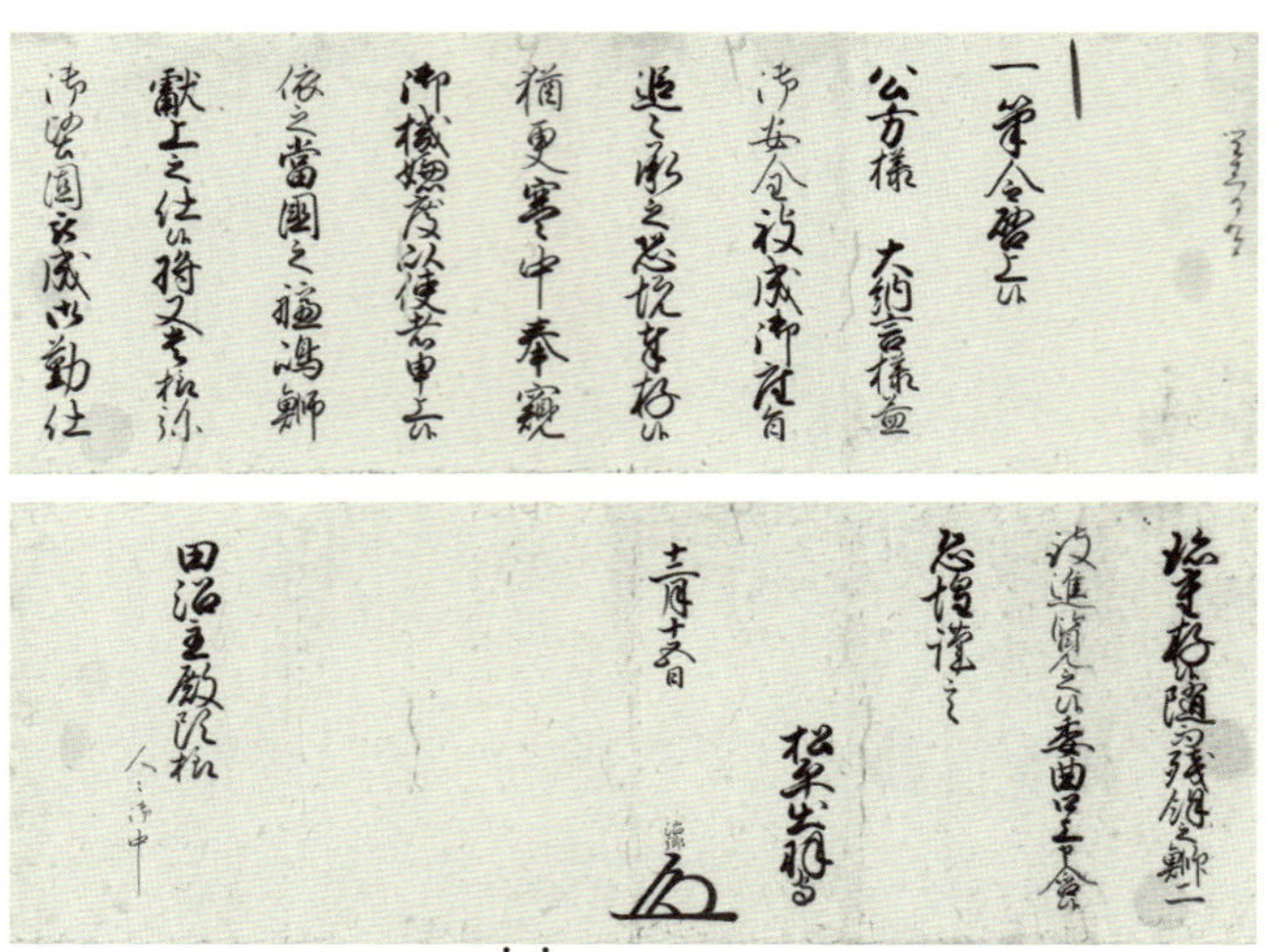

Ｂ：松平治郷よりぶり献上の書状（静岡市後藤氏蔵）

B

出雲松江一八万六〇〇〇石の城主松平治郷から、ぶり若干を将軍家へ献上し、残余二□を田沼へ進呈する書状である。治郷は、松江藩中興の明君として名高く、なお不昧（ふまい）公と号し、茶道不昧派の開祖としても有名である。

一筆令啓上候
公方様　大納言様　益御安全被成御座旨追々承之恐悦奉存候猶更寒中奉窺御機嫌度以使者申上候依之当国之艫島鰤献上之仕候将又貴様弥御堅固被成御勤仕珍重存候随而残余之鰤二致進覧之候委曲口上申含候　　恐惶謹言
十二月十五日　　松平出羽守　治郷　花押
田沼主殿頭様

同藩の「雲陽大数録」に、当時松江藩よりの献上品は、艫島鰤（とも島ぶり）・十六島海苔・真梨子・大庭梨子の四種のうちからと定められていたとある。とも島は、出雲大社の西方海上にある無人島である。

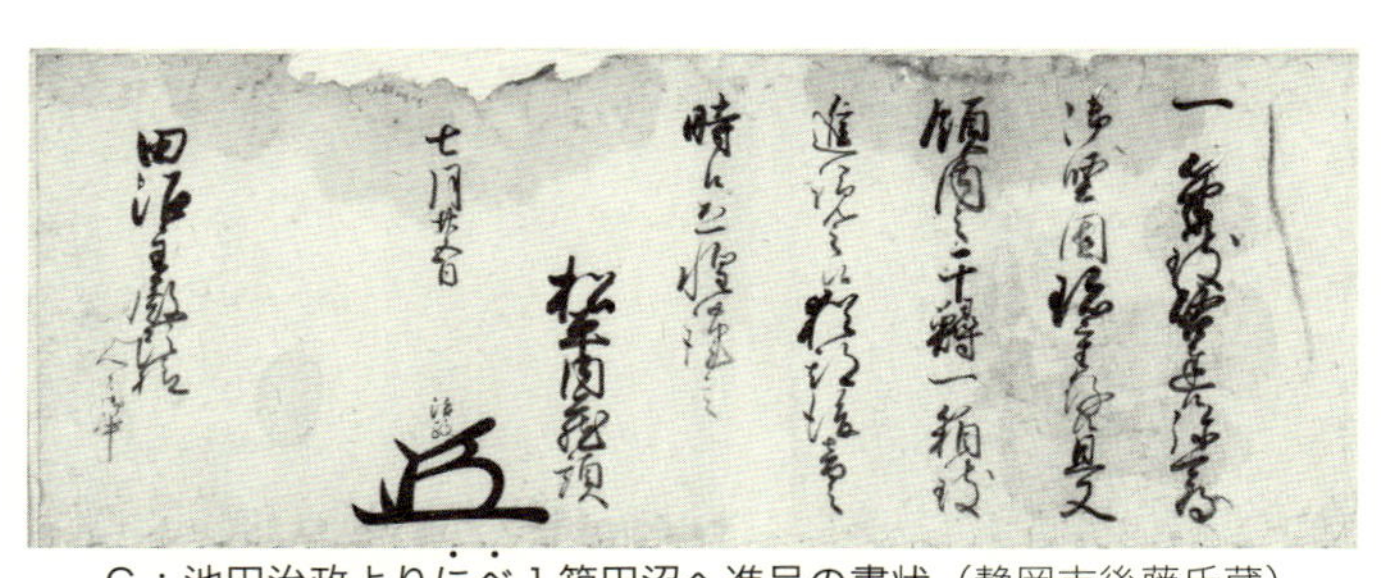

C：池田治政よりにべ１箱田沼へ進呈の書状（静岡市後藤氏蔵）

C

岡山藩三一万石城主池田治政から、干にべ一箱を贈られた時の添状である。祖池田輝政は信長、秀吉、家康に忠勤し、松平姓を賜っている。はじめは八九万九〇〇〇石を領していたが、いくつかの分家に譲ったので、宗家は三一万石となり、廃藩の時まで通した大大名である。

> 一筆致啓達候　弥可為御堅固珍重存候　且又領内之干鯑一箱致進覧之候
> 猶期後音之時候　恐惶謹言
> 七月廿五日　松平内蔵頭　治政　花押
> 田沼主殿頭様

同藩の『備陽記』によれば、鯑（にべ）は、将軍家その他へ、岡山藩から献上するものと決められていた同地の名産品だったという。

右のほか将軍家献上に関係のあるもの（以下写真掲載略）では、

D　贈り主　常陸国麻生三万三〇〇〇石藩主新庄直規
品名数量　焼干わかさぎ一箱将軍家へ献上。一箱田沼へ進呈

E　贈り主　磐城（陸奥）国三春五万五〇〇〇石領主秋田千季
　品名数量　雉子若干将軍家へ献上。残り三□田沼へ進呈
将軍家にはかかわりなく、単純な田沼宛の贈り物の案内状では、
F　贈り主　紀州田辺四万八〇〇〇石城主安藤帯刀次猷
　品名数量　干鯛　一箱
G　贈り主　駿府定番久留島数馬（三五〇〇石の旗本）
　品名数量　興津鯛　一篭

右のほか品名数量明記せず、単に「目録の通り進覧」と書いたものが数点ある。そのなかには、久留米二一万石城主有馬頼徸が在任中の厚情を謝した帰国挨拶状も含まれている。

以上によって、当時の数十万石ないし数万石の地方大名から、老中田沼へ贈った進物が、実際にはどのくらいのものか、わかってもらえたと思う。特殊な場合については知るよしもないが、現存する物的資料によるかぎりでは、世間一般の通例に少しも変わっていないのである。

その当時は、幕府自体が進物歓迎であり、贈答も饗応も差し止めてはいなかった。ただ過ぎることを戒めていたのである。右の程度の贈答品は、一般に公然と行なわれていた。

政変ついに来たる

❖将軍家治の死

一七八六年（天明六）は丙午（ひのえうま）の歳で、元旦も丙午の日だった。容易に現われない現象で、何か大凶事が起きはしないかと、人びとは心配していた。ところがその八月、将軍家治がわずらい、病勢は日に日に進んでいった。田沼にとっては最大の力であり、唯一の支柱となっている家治のことである。意次は必死になって、その快癒（かいゆ）の一日も早いことを祈った。意次は以前から、実力ある蘭方医らを支援していたので、彼の家には新進医師が多数出入りしていた。意次は、将軍家治の重病にあたり、古い漢方の老御典医にまかせておくのは心もとなく思い、彼の信ずる若林敬順、日向（ひゅうが）陶庵の両名を推挙し、内殿に召して立ち会わせた。しかし八月一九日伺候した敬順らは、わずか一日で翌二〇日には退けられてしまった（その前後の動静や事情などについては、後段で詳記する）。

家治は表向き九月七日薨じたことにして発喪されており、その間は、親藩諸侯の支持する大八木伝庵に治療させていたことになっている。しかし『徳川十五代史』では、

将軍の薨は其実二十日にあり。秘して喪を発せず。故に田沼、稲葉をしりぞけるは公の意に非ず、三家及び諸老のする所なり。

と報じている。将軍家治危篤と聞いて駆けつけた意次に対し、三家三卿らは、御上意であると言って入室をはばみ、あまつさえ彼を取り囲み、刀を突きつけて病気引退願を書かせた。この時、実は家治はもう死んでいた。しかしその喪は殿中深く秘められ、将軍は生きていることになっていて、将軍の思し召しということで、田沼の罷免が強行されたのであった。

❖田沼の失脚

かくて意次は、一七八六年（天明六）八月二七日、老中を罷免され、雁の間詰に左遷させられた。家治の葬儀がすむと、予定どおり養子家斉が一一代将軍の座についた。田沼には一〇月五日、左のとおり仰書が渡された。

思召有之に付、両度の御加増二万石召上げられ、大坂蔵屋敷并に神田橋御上屋敷当七日までに引払申すべく　差扣え仰付けらる。木挽町屋敷へ引移り　慎み罷在るべく候

右の神田橋上屋敷というのは、彼が側用人になった一七六七年（明和四）拝領し、以来足か

け二〇年、田沼党の本拠としてきた屋敷である。一七七二年（明和九）二月、江戸大火に類焼し、その後新築（御用金一万両拝借して）した家であり、人びとのねたみを買ったほどのりっぱな建築であった。その家をわずか二日のうちに明け渡せという厳しい命令であった。減石二万石は、和泉・河内・三河の所領であり、大坂蔵屋敷というのは、和泉・河内の年貢米差配所で、いわば〝相良藩大坂支所〟である。

意次の老中罷免と同時に、御側取次稲葉正明も免じられ、続いて勘定奉行松本秀持、赤井忠晶が罷免された。大老井伊直幸、老中松平康福、同水野忠友らは、まだその時は職に留ってはいたが、多年田沼と行動を共にしたために、いつ、どんな命令が下るかわからず、粛清を恐れ、戦々恐々としていたらしい。水野忠友は意次の四男忠徳（意正）をもらって自分の嗣子としていたが、難が及ぶのを恐れ、九月五日、離縁帰籍させたほどであった。

そのころの政治は、万事三家三卿（さんきょう）らの相談によって決められた。すなわち尾張の徳川宗睦（むねちか）、紀州の徳川治貞（はるさだ）、水戸の徳川治保（はるもり）、三卿一橋治済、同清水重好、同田安家代表松平定信らである。なかでも新将軍家斉の実父一橋治済（はるさだ）はもっとも権勢を振るっていた。

館林藩史料のなかの書状に、

当時は万事御三家様方御相談の上事極り候由申候　一橋様は殊（こと）の外なる御評判と申候

とある。その時家斉は一四歳、治済は三六歳。一橋治済は、少年将軍のうしろだてとなり、陰の大御所となって政治の実権をにぎった。

❖田沼罪案二十六か条

意次の罷免は「諸々（もろもろ）の悪事露見」という、ごくあいまいな理由で罪されている。当時「田沼罪案」なるものが世間に流布された。漢文調で、五〇〇〇字からなる長文のものである。これはなんぴとかの偽作であるといわれている。しかしあるいは本物かもしれない。私はいま、その真偽を論じている余裕をもたない。要約して大意のみを次に記しておき、真偽の判別は読者におまかせしたい。

一　その方は上様のお引き立てで今日の栄を得た。主君をりっぱに養育するのが大恩に報ゆる道であるのに、その方がそれを怠ったため、上様は小児同様の愚君になってしまわれた。

二　自分の親族縁者のみを登用するはけしからん。若年寄に抜擢したその方せがれは、佐野某に殺される程の不行跡者なり。それでも当時、愁傷恐惶の態度あらばまだしも、常に変わらぬ勤めぶり、人情薄きこと言語に絶す。

三　上様に差し上げる御膳部やお召し物、すべて粗末すぎる。倹約と吝嗇（りんしょく）の区別わきまえないのか。また御代々伝わる武器の管理怠り、手入れ不十分である。

四　市中十か所の火消屋敷、修理もなさず、きわめて粗末である。近ごろ壁土も落ち、外部から中が見透かされるようになった。

五　伊勢神宮は二一年目ごとに御造営することになっている。御先祖様由緒(ゆいしょ)の伝通院も破損はなはだしい。いずれもたびたび願い出ているが取り上げない。他はおいてもこの二か所の普請だけはやらなければ、上様の御徳輝が薄らぐであろう。

六　その方神田役宅、木挽町屋敷、浜町屋敷、美麗をつくし、役柄不相応の驕奢(きょうしゃ)、お上の御威光にも差しさわりある。一族一統ならびに家臣どもまでそれをまねて栄耀(えいよう)栄華をきわめる。万事御倹約の御時節、もっての外なり。

七　その方は諸家の役職や家格を上げる取持ちを多くしている。ことに溜間詰(たまりのまづめ)、将軍輔佐役は重き役目なるに、賄賂だけで簡単に決めたという事実がある。

八　峰岡の義は、吉宗公御深慮により造られた御料牧場である。立木を伐採して払い下げたため、日陰が減り、清流が乾いた。それにより牧馬多く死に及びたり。

九　御用金を諸大名に貸付けるはよいが、利子を取ってそれをお上の呉服料にあてた。卑劣の至りである。なお民間資金も加えて貸出し、それまでもお上の御威光で滞りなく取り立てている。姦(かん)商の巧言にはまり、お上の御徳をけがすというものである。

一〇　民間への貸出しには縁故貸しが多いという。人びとことの外、迷惑に及びし由なり。

一一　金座は、元をただせば町人の部である。しかるに武士同様、帯刀しだした。賄賂によって許したのであろう。
一二　産業功労者と称する百姓町人、または中奥御用達町人らに帯刀を許しているが、それが多すぎる。武士の権威を損ずるというものである。
一三　殿中にて熨斗かみしも着用の町人を見受けた。それも小人数だったところを見ると、これも賄賂次第で許したに違いない。
一四　浪銭が近年粗悪になった。庶民にきらわれ、通用の数も減じてきたが、それを知らないか。
一五　南鐐二朱判も名目どおりには通用しなくなった。質が悪く、下じもを欺くという次第なり。
一六　御曲輪内に地面よりはみ出た普請があった。また火除地だった中橋広小路にも家が建てられた。賄賂を取って許したのだろう。
一七　火除地になっていた浅草御蔵米御用地も、町人に売り渡された。賄賂によって公の御用地まで処分したのであろうが、その罪許しがたし。
一八　駿河・遠江・三河の三か国は、権現様時代より特別たいせつな所としてきた。そこの藩主たち江戸滞在多く、その地、等閑に付されている。もってのほかなり。
一九　近年鉄座の扱い方がゆるんできた。金さえ出せば誰にでも売るというのか。

二〇　九州にて川境の件で訴訟があったが、その裁きは不適切であった。賄賂を取ったのだろう。

二一　その方家来潮田某狼藉せしに、稲葉某の家来がお叱(しか)りを受けた。取り捌(さば)き不法なりと、その現場に居合わせた人が憤慨していた。

二二　近年学問もない粗末な医師どもがはびこり出した。その方は妾の宿元を奥医師に推挙したが、上様の御格禄を下げ、権威を奪うに等しい行為である。

二三　その方御加増拝領の地は、良田のみむさぼり、ために貧窮の地を替地にとった諸侯迷惑し、遺恨を含むにいたっている。

二四　八丈島産物御買上げの役所を新しく設けたために、民間業者が打撃をこうむった。権威をもって民を苦しめる悪政である。

二五　その方が賄賂を取るから、低い役人まで金銀私欲に迷い、依怙贔屓(えこひいき)をもって万事取り計らい、武士の義理すたり、驕奢(きょうしゃ)をきわめるにいたった。すべてその方一人の大罪、のがるべからず。

二六　北海道開拓・印旛沼干拓など、とんでもない計画をしたものだ。問題にもならんことで、さたの限りというべきである。

❖松平定信の意見書

松平定信は一七八五年（天明五）に「溜間詰（たまりのまづめ）」になっていた。この役は、ときに老中と同席して政務に加わり、ときに将軍の顧問になり、意見の具申をするという役柄である。まだ歳は二九歳だったが、三卿田安宗武の実子で、血脈から見れば新将軍の家斉より上位である。家治葬送の後、一七八六年一〇月一三日、三家三卿らは次期首班に定信を推薦した。それにもかかわらず彼の老中就任は容易に実現しなかった。それは田沼の息のかかった吏僚がまだ多数幕府部内に残っており、強く田沼の再起を望んでいたからである。また大奥に勢力をもつ老女、大崎・高岳・滝川らの支持者が中心になって、田沼の減刑運動がなされていた。定信が老中になったのはそれから九か月も過ぎた翌年の六月一九日であった。その間に定信は、将軍宛に長文の意見書を差し出しており、意次もまた将軍宛の上奏文を出している。時期も相前後したものであり、まことに対照的な好史料といえる。

定信の意見書は長文のものゆえ、一部摘録にとどめる。

私義幼少八歳のころより、天下の御為に補位の賢相にまかり成るべく存じ奉り、心願仕り候へ共、一体不肖の器、短才小量に付、今以て区々とまかり有り候　別して近年紀綱相ゆるみ、さまざま恐入候事どもこれあり候に付、誠に志士の死を極め候処と存じ候　中にも主殿頭心中その意を得ず存じ奉り候に付、刺し殺し申すべくと存じ、懐剣までこしらへ申し、一両度まかり出候処、とくと考へ候に、私の名は世に高く成り候へども、右にては天下に対し奉り、かえって不忠と存じ奉り候　第一　上に不明の名をあらわし候ようなるもの、次には御同役老中衆も、一向に相済まざるものに付、右はまず相止め……

定信が、自身で意次を刺し殺そうとしたことは、この将軍宛意見書に書かれているからたしかである。そのくらいだから、彼の意を奉じた家臣や下僚が、常に田沼をつけ狙ったことは、想像にかたくない（山本周五郎著『栄花物語』参照）。意知の殿中刃傷事件もほとんど同じころだった点（定信が溜間詰になった前の年）から見て、定信が背後で糸を引いていたとも考えられる。意見書は続いて

私所存には、誠に敵とも何とも存じ候盗賊同様の主殿頭へも、日々のように見舞い、かねて不如意の中より金銀を運び、外見には、誠に多欲の越中守と笑われ候をも恥ぢず、ようよう席相進み、今一段の処　霜月までと心がけ罷りあり候　このうちの千辛万苦　誠に申すべきようもこれなく候　右に付ては老中衆の無志事あきれ果て、憚りながら不忠至極の方々と存じ候ことに御座候　もちろんその時は難うなられ、わき見とは違い申すべく候へ共、外よりながめ候ては気に入り候老中は一人もこれなく候　以後はよくよく御心得成られ、私心を捨て欲を捨てる賢良の人を用い成さるべく候

彼は、意次殺害が容易でないとみると、今度は方針を一変し、田沼邸へ金銀を運び、膝を屈してこびへつらい、ようやく溜間詰になったと語っている。そして今の老中はみな気に入らぬと感情をむき出しにし、自らをば「賢良の人」と言い、極力自薦している。そして最後に、

> このたび図らずも瀉剤にて邪気にわかに消し候うえは、この後賢良の人を御選び候て、元陽の気を御補い成られず候はば、元気の賞罰御威光と見えしも元はみな邪気に候間御威光の減に相成るべき義と、日夜心痛恐入り奉り候　この度御補ひ成しかね候はば、いわゆる不受補の症に罷り成るべく候　左様相成候と邪気去り候に付、大虚に罷り成り候処へ又々少々の邪気も隙に乗じ易く、先達て邪気を去り候瀉剤の薬毒又々生ずべく、病根の義、前と同じと存じ奉り候この上万一もとに至らざるうち、少々にても邪気相感じ候ようにては、甚以て御大切至極恐入り奉り候に付、日夜奉恐候余り、又々書付申候義に御座候

邪気とは田沼を指したもので、瀉剤（腹下し薬）で田沼を遠ざけたあとは、賢良の人―すなわち自分を据えよと言い、ぐずぐずしていると、再び田沼派の復活があるかもしれんと結んでいる。

❖意次の上奏文

意次は、一七八七年（天明七）五月一五日、将軍宛の上奏文を奉っている。原書は漢文であ

るから訳して掲げた。

源　意次　謹言

大元帥（現将軍をさす）尊宝の前に　意次申さく。父意行　有徳院様（吉宗）天下御相続のみぎり、紀州より供奉し、殊に御高恩を蒙りて一家を興す。意次未だ弱年の節、有徳院様に拝謁し奉り、以来惇信院様（家重）浚明院様（家治）に仕え奉り、莫大の御高恩を蒙り、あまつさえ老中職に補せられ、大禄を下賜さる。御慈恵は月々厚く、年々重し。其高きこと山の如く、其深きこと海の如し。然ればすなわち昼夜　心力を尽して御高恩の万分の一に報い奉らんと欲するの外、更に他事無し。ひとえに天下の御為をと存じ奉り、いささかも身の為を致さざる処は、上天　日月、之を照覧。神明　仏陀　共に同じく之を明知したもうべし。然るに去る午（天明六年）の秋、御不例の時、一日にわかに御機嫌おだやかならざる趣、告げる人有りたり。然りと雖も意次あえて御不審を蒙るべきこと身に覚え無し。昨日まで　御機嫌うるわしくいらせらるる処に、忽ち御不興の御容体は、意次傾運の致す処、是非に及ばざる次第にて、身の不肖を恨むの外なし。しかしながら、たとえ一旦は御不審を蒙り奉ると雖も、あやまち無きを以て、後日これを言上せば、御明察の上再び御機嫌うるわしき御時節も御座あるべしと存じ奉りし処側ら頻りに職を辞すべきの旨勧むる者あり。故によんどころなく病と称して職を辞し奉る。

田沼意次が11代将軍に差し出した上奏文（横浜市田沼宗家蔵）

時に浚明院様いささかの御別慮なく、願いの通り職をゆるさしめ、且つ慎みの儀には及ばざる旨台命を蒙る。然るに親族縁者、或いは義を絶ち、縁を絶つ。かつてその故を知ること無くして止む。唯　浚明院様御在世久しくば、天道いつわり無きの道理。意次の私心無き忠誠は、一度は争っても、いつの日か必ず顕れざらんやと、御長久を祈り奉りし処、終に薨御さる。意次胸間割くが如く、寝食共に廃すること数日。遂に病におもむく。

そののち当御代に於て俸禄を減ぜしめたもう。意次何の不幸ぞや。更に覚悟せざる処なり。然りと虽も、在職の時、粉骨砕身して天下の御為をなさんと欲すと虽も、凡慮の及ばざる所間々これありてか、却って御不為と響く条、薄運の致す処、歎いてもなお余りあり。且つまた、一小事と虽も一存を以て取計らうことなく、必ず同席者と相議して上聞に達したり。然るに意次一人の為すわざと相成る条、いかなる災難ぞや。

仰ぎ願わくは大元帥、尊外の悪魔を降伏せしめ、忠勤怠り無き操をみられ、うち、慈悲を垂れて、秋毫（しゅうごう）も欺かざる志を照じ、速に御廟拝謁、且つ、当御代の尊顔を拝し奉り、再び親族相和し、予を誹（そし）り予を悪（にく）む人々に、意次厘毫も虚妄（いつわり）せざる趣きを知らしめ、世の雑説を捨て、怨親平等の思いを成さしめ賜へと、誠惶誠恐　敬って申す。

天明七年未五月十五日　　　　源　意次　稽首三拝　印

当時の意次としては、おそらく直接の効果は期待できなくとも、せめて誠意だけは、天地神明にも届けと書きつづったのであろうか。巷間の噂、あるいは反対派御用史家の文献のみ氾濫しているなかで、初めて意次の声が——抗弁が聞かれたわけで、これこそもっとも貴重な史料である。

内容もさることながら、理路整然とし、迫力充実し、稀に見る名文である。これを見て思うことは、長い間、定信を教養高き文学者とたたえ、意次を新参成り上りの無教育者のようにさげすむ者が多かったが、二つの上奏文を比較し、いかに今まで、両人の学力・思想が、世に誤り伝えられていたかを、知ることができるであろう。

❖定信の老中就任

この年——一七八六年（天明六）は凶作であった。それに政治の大転換で、新しいお触れが矢継ぎ早に出、高官や政商の処罰がつぎつぎに行なわれ、それに流言が加わって庶民の不安はつのる一方であった。もっとも心配になるのは食糧のことで、米の買いだめをする者が増え、翌年五月には未曽有の高値を現出した。幕府は米屋に封印を付け、いわゆる統制売りを命じたが、かえってそのために売買のみちをふさぎ、事態はいっそう悪化し、暴民はついに米屋の打ちこわしをしだした。その人数は次第に増えて五〇〇〇を超え、江戸市中全部にわたり、米屋をはじめ大家、豪商などに乱入して乱暴の限りをつくした。幕府は権力をもってようやく取り鎮めた。この騒ぎで逮捕された主犯三七人中九人は、吟味中に牢内で病死したという記録が残っている。

　この国内騒擾の最中に松平定信の老中就任は実現した。彼は大老の名を望んだということだが、それはかなえられず、その代わり後に将軍補佐という役を兼任することになった。

　新将軍家斉は、鷹揚な質だが一面わがままなところがあり、たびたび癇癪を起こして近習を困らせることが多かった。それを聞いた定信は、側近者がやすやすと言いなりになるからだといって、家斉によくない言行があれば遠慮なく諫めるように命じ「幼君奉仕心得五か条」を書き与えた。別に家斉には「将軍御心得一五か条」を作り差し出した。もちろん明君に仕立てようとの誠意の現われだが、当の家斉には極度に煙たがられる結果となった。ある時家斉が間食をするので三度の食事があまり進まないと聞くと、ただちに間食を禁じた。また金魚を入れるうつわが小さいから、もっと大きいのをほしいと言ったと聞くと、奢侈のもとになるとて差し止めた。

家斉は体格もよく、早熟で、好色漢であった。すでに一五歳の時一児の父となっている。長女淑姫は家斉満一五歳の時に産まれ、次女は満一六歳の時に誕生している。多分目に余ってのことだろうが、定信は、将軍の房事についても干渉し、性交の回数を制限したということである。

将軍に対してすらこれほどの無遠慮な態度でのぞんだくらいだから、他はおして知るべしである。なんといっても殿様育ちだから、女性を扱う呼吸など少しもわからず、大奥女中らには、極度にうるさがられたらしい。老女大崎らは、はじめ定信の老中就任をはばんで画策したこともあり、また意次の処罰があまりに苛酷であるとして、田沼のために減刑運動もした。それによって大崎は追放されたが、そのため大奥女中ら数十名が激昂し、連袂してお暇を願い出るという不穏な事態になった。定信はあくまでも高姿勢で、「徒党は天下の御法度」といって彼女らを捕え、遠島・追放等に処した。あとに残った女中らには『国字解四書』四〇部を配布して読書をすすめたということである。しかし孔孟の書よりも草双紙（今の週刊誌のような読物本）のほうに興味をもつ大奥の女中らは、ますます彼を敬遠するようになったという。

反対政権の施政

❖寛政改革

寛政改革というのは、一七八六年（天明六）八月田沼失脚と同時に、反対政権の手で大転換した政策を指しており、八七年、八八年も含み、一七九一年（寛政三）ごろまでに及んでいる。従来世間は、田沼政治を悪政と決めつけ、それを改めた松平定信の政治を寛政改革と呼んで称賛してきたが、はたしてそれにまちがいないだろうか。寛政改革は、田沼政治を評価するうえで絶好の対象物として研究の価値があると思うので、以下少しくわしく検討してみよう。

1　印旛沼・手賀沼の干拓。利根川－江戸湾間の掘割。この一連の工事を中止放棄

2　北海道開発事業を廃止

3　千島・カラフトの調査打切り

4　諸藩のための金融機関「貸金会所」の企画を廃棄

5　金剛山での探鉱事業も中止

6　計数通貨南鐐二朱判の鋳造をやめ、その地金一〇万両分を鋳て秤量通貨丁銀をつくり、旧通貨制度への逆戻りの政策をとる

7　人参座・鉄座・真鍮座を廃止し、官営事業の縮小策をとる

8　繰綿延売買会所・石灰会所・八丈島荷物会所・菜種油問屋・綿実問屋・薪炭問屋・銭小貸会所・春米屋株などの株仲間を解散させる

9　棄捐令を公布し、五年経過債権の放棄を命ずる（詳細後記）

10　諸物価の引下げ命を公布した

11　米の標準値を定め、米穀の買占めを禁止

12　酒造を制限し、従来の三分の一に縮減

13　煙草・藍など換金農作物を抑圧し、農家が副業することを禁じ、米作りに専念させる

14　都市移住者が増え、農村人口が減るので「旧里帰農奨励令」（人返し）を発令した

15　国産の薬用朝鮮人参の保護政策をやめ、輸入人参の扱所を造る

16　清国貿易船の長崎入津を、年一〇艘に縮減させた

17　長崎オランダ商館長が毎年一回江戸へ参府していたのを、五年一回に縮減（詳細後記）

18　異学の禁令を公布し、朱子学以外の学問を圧迫した（詳細後記）

19　医師の検定制度を定め、漢方医を重用し、蘭方医を圧迫した（詳細後記）
20　書籍の出版を抑え、美術版画（浮世絵）の取り締まりを強化した（詳細後記）
21　女芸者・飯盛女・髪洗女・女髪結など、職業婦人の渡世を禁止
22　銭湯の男女混浴を禁止した
23　私娼を厳禁した。重犯の者・身寄のない者は、強制的に吉原・島原の公娼にさせた
24　薬研堀（やげんぼり）・中洲の埋立地歓楽街は、建物を破壊し、土地を掘り返して元の川にしてしまった
25　厳しい倹約令を出し、家具・衣類等のぜいたくな所持品は売り払わせる。百姓には、カッパ・カラカサを禁じ、ミノ・カサに限らせた。ぜいたくな玩具や菓子の製造と販売を禁止した
26　この倹約令は幕府の内部にも及び、大奥の経費は、一挙に三分の一に削られた
27　江戸市中の空地に、新しく家を建てることを禁じた
28　没収した田沼の相良城は、無血引渡しされたのに、建物全部を徹底的に破壊した
29　大名の家人・旗本らが、みだりに老中を訪問することを禁じた
30　長崎奉行に命じ、密貿易の取り締まりを厳重にした
（以上は、禁止・廃棄・抑圧の萎縮後退政策。以下は前向き政策と見られるもの）
31　全大名の系譜調査をさせるが、これは引続き「寛政重修諸家譜」編集に発展（詳細後記）

32　孝子・忠臣・節婦・信義者らを多く褒賞した
33　米産地に郷蔵を建てさせ、もみによる貯穀を命じた
34　七分積金の制を公布し、町費節減・地代家賃引下げを実行させ、強制的に貯蓄をさせた
35　石川島に人足寄場を作り、免囚・非人に授産の道を開いた
（これは不穏分子に対する予防拘禁措置で、市中の無宿者を捕えて強制的に労働させ、改悛（かいしゅん）すれば釈放して正業につかせるというものである）
36　産児奨励をなし、人口の増加をはかった

棄捐令　田沼の貸金会所の案を廃棄し、寛政元年九月これに代わって出した「棄捐令」は、つぎのようなものである。

五年以上経過した債権は元利とも棒引きにする。五年未満の借財は金利を年六％に引下げ、年賦による長期返済に切り替える。今後の貸借は、金利最高限を一二％と制限する。

という乱暴なもので、この新令によって破棄された債権は、実に一一八万七八〇八両余という巨額にのぼり、札差（金融業者）たちは大損害をうけた。

この令によって喜んだのは大名や旗本であった。たちの悪い旗本になると、これに便乗して該当しない借財までも踏み倒しを計る者が現われたので、両者の間には紛争が絶えなかった。そこで札差たちは同盟して武士に対する貸出しを停止した。さて年末を迎えたところ例年のよ

うに札差から借金しての越年ができなくなった彼らは、苦しまぎれに腕の立つ浪人や弁舌の巧みな者を使って、金融の再開を強談するなどしたので、暴動も起きかねない事態になった。そこで幕府は救済という名目で公金三万両を札差らに低利で貸付け、一方悪質な旗本らを処分し、ようやく危機を脱することができた。

商館長の参府縮減　長崎から毎年一回、オランダ商館長が江戸に出府する時には、学者や医者が随員としてついて来るので、江戸の新進学究たちは、蘭学研究または西洋事情を聞く絶好の機会として、彼らの在府中は逃さずその宿舎に押しかけたものだった。それを四年一回に縮減したので、新知識吸集に意欲を燃やしていた学徒らを、大いに失望させた。

異学の禁　朱子学の精神主義が身にしみついている定信は、風俗の頽廃(たいはい)はもちろん武士が貧窮して商人の財力が強くなるという経済現象さえ、その根本は道徳問題だと信じていた。そこで朱子学の説く政治倫理を高めることによって、武士・百姓・町人たちの立場のちがいや対立関係を是正することができると思っていた。

先にも述べたように田沼時代には、学問の自由研究の風がみなぎり、各派各流の学統が覇(は)を競う状態であった。そのことは、朱子学に凝り固まっている定信には気に入らなかった。そこで彼は、封建性を合理づけている朱子学を再興して政治の精神的よりどころとしようとし、朱子学を正学とし、他を異学と呼んでしりぞけた。幕府の学問所では、庶民の入学を禁じ、幕臣・藩士・処士の子弟に限ることにしたうえ「教科は朱子学だけに限るべし。他の学派を扱ってはならない。」と命じた。この禁令には他学派からいっせいに非難攻撃の声が上がったが、幕府は「他の学派もやりたければやるがよい。しかし幕府は朱子学を正学としておるから、他の学派の者は役人には採らない。」と言って押し通した。当時は、地方諸藩もあらゆる面で幕府の方針に従い、敏感に動くのが藩主のならいだったので、それ以来地方諸藩も朱子学を藩学とするものが多くなった。現実には、他のすべての学派に大きな打撃を与えたのであった。

蘭学も圧迫　異学禁令の当面の目標は儒学各派にあったらしいが、当時興隆期を迎えていた蘭学も同時に圧迫された。定信は自著『退閑雑記』で、

蛮学（ばんがく）てふものは、さして国用にたるものにもあらず、ただ好奇の者のすることなり。……好奇のなかだちとなり、またはあしき事などいひ出す。

と、蘭学を蛮学といって、さげすみ、極度に白眼視していた。

幕府は、一七九一年（寛政三）一〇月、神田佐久間町の医学館を官立に移し、幕医の研究所とした。幕医となるには、すべてここで教育を受けるか、そうでなければ同館で検定試験を受けなければならないことにした。ここで修得する医学は、洋医学ではなく、旧来の漢方医学であった。

愚民政策　異学の禁令の出た直後、出版物に対しても厳しい統制令が出た。「美しい色刷り

の浮世絵や、風俗を乱すおそれあるすりもの、政治を風刺した書籍類は出版してはならない。」と命令した。田沼時代にほぼ完成の域に達した世界的芸術「浮世絵」（錦絵）は、この時代に厳しく取り締まられ、当時の浮世絵師で一度や二度処罰されなかった者はないほど弾圧された。

一七九〇年（寛政二）には「書物草紙類取締」の町触れを出し、「書物は今まで出たもので事足りてるから新規に出版するを禁じる。どうしても出したい者は幕府に願い出てその差図に従え。」と言っている。一七九二年（寛政四）、有名な林子平が『三国通覧図説』や『海国兵談』を出し、外国の侵略から日本を守るために海防の必要を力説したのにも、「御政道に口出しするとは以ての外」といって、子平を捕らえて禁錮に処し、書物と版木は没収のうえ焼き捨ててしまった。

定信は奥州白河一一万石の藩主であるが、自藩に対してはさらに一段と厳しい触れを出した。「土百姓らは、一三歳になったら読み書きを学んではいけない。」と。これほど露骨に愚民政策を押しつけた彼を、明君として宣伝し、無知な世人はこれに追随したのであった。

『**寛政重修諸家譜**』　家柄の低い田沼は、吉宗公の人材登用方針のおかげで破格の出世ができた。彼はその報恩の意味もあってか、人事は主として人材本位でのぞみ、有為の若者を引き立ててきた。このことは、系図を重視し、家格本位だった旧来の幕府人事に新風を吹き込んだものである。しかし定信の目には、田沼の人材登用主義が家柄軽視の政策と映り、すこぶる気に入らなかった。最高の家柄であった定信にしてみると、人々の関心を、家譜系図に集中するように仕向けたい気持ちでいっぱいであった。

定信はまず一七八九年（寛政元）、大目付桑原盛員に、全大名の家譜編修を命じ、調査に取りかからせた。一七九一年にはこれを『寛政重修諸家譜』編述の大計画に発展させた。本書が完成したのは一八一二年（文政九）というから、それから二〇年もかかっている。内容は、お目見え以上の大名・旗本や公家の系図と伝記の集大成であり、全部で一五三五巻という膨大なもので、現代でも歴史資料として重要な役割をしている典籍である。私もその偉業には賛辞を送るのを惜しまない。しかし田沼時代には、洋医学・蘭学・国学・本草学・地理（国防）学等々、新時代を切り開いた貴重な学究書が民間人の手で作られ、意次はこれらの著述を、直接間接に支援し版行を取り持っている。定信は、民間人の新規出版を禁じておき、一方幕吏を動員して武家・貴族の系図の本を作らせた。問題はそこにある。両宰相の文化政策を観察する場合、見逃すことのできないポイントである。

❖人事の粛正

定信が一七八五年（天明五）一二月溜間詰になった直後、田沼の下僚伏見奉行小堀政方が、遊蕩（ゆうとう）にふけって文珠（もんじゅ）九助（くすけ）という町人と訴訟となり、政方は、定信の主張によって免職させられた。定信の人事粛正はこの時分から始められていた。
反対政権のとった人事粛正の主なものは、

1　一七八六年（天明六）八月　老中田沼意次・御側取次稲葉正明、罷免さる
2　〃　〃　一〇月　田沼の神田屋敷・大坂蔵屋敷を没収し、領地二万石を削る
3　〃　〃　〃　御側取次田沼意致（意次の甥）罷免。勘定奉行松本秀持減石罷免
4　〃　〃　一一月　勘定奉行赤井忠晶（ただあきら）減石罷免。払米切手改役後藤縫殿助（ぬいのすけ）を罷免
5　一七八七年（天明七）二月　書院番頭酒井忠聴（ただとく）ら、同僚の私邸で狼藉したことにより免職
6　〃　〃　五月　御側申次本郷大和守泰行、同横田筑後守準松（のりとし）を罷免
7　〃　〃　九月　京都町奉行丸毛和泉守政良（まさかた）罷免
8　〃　〃　〃　同時に勘定方三〇人普請方二〇人も処罰
9　〃　〃　一〇月　田沼意次蟄居（ちっきょ）申付。所領・居城とも没収し、孫意明に一万石与う
10　〃　〃　〃　大老井伊直幸・京都所司代戸田忠寛（ただとお）ら、辞任させられる

11　一七八七年（天明七）一二月　勘定組頭土山宗十郎孝之が公金着服および婦女関係不身持を理由に死罪

12　〃　〃　〃　不当にもうけた町人ら死刑および遠流。その他経済犯処罰者多数

13　一七八八年（天明八）三月　田沼派老中松平康福・水野忠友辞任させられる

14　一七八九年（寛政元）五月　博奕常習の旗本ら多人数遠流に処す

15　〃　〃　六月　美濃郡代千種鉄十郎は、年貢を金納させたことで罪され遠流となる

右のほか、江戸開府以来特権を与えられてきた御用商人たちに対しても粛正の手がのび、幕府の呉服師茶屋四郎次郎、菓子司大久保主水らが処罰された。

『続徳川実紀』によれば、定信が老中になった一七八七年（天明七）六月から、その辞任する一七九三年（寛政五）七月までの六年間に、幕府関係の被処罰件数は八七件の多数にのぼっている。

定信の自著『宇下人言』でも、

すでにその黜罰せらるるもの酉年（寛政元年）のころは一年に五〇人余に及べりけり。

と粛正の大規模だったことを回想し、処罰の多かったことを語っている。

寛政の改革の時は、つぎからつぎへと新しい触れが出たのでその徹底を期するためと、粛正の実をあげるために、隠密(おんみつ)を盛んに市中へ放って摘発をさせた。隠密が袖の下を取って見逃す例も多かったので、隠密にさらに隠密をつけた。実に滑稽なことで、つぎはその隠密政治を風刺した狂歌である。

孫(吉宗の孫で定信を指す)の手が　かゆい所に　届きかね

足の裏まで　かきさがすなり

定信は将軍宛の意見書でも、「田沼は賞のみ多く出し、罰が軽過ぎる」と批判している。罰を重く、賞を少なくした定信の政策は、賞厚く罰の軽い田沼政治への反発だったのであろうか。

❖自己宣伝

定信は、老中になって最初の新年を迎えると、正月二日、本所の霊岸島吉祥院の歓喜天に出かけ、ものものしい祈願祭を行なった。その時の祈願文が今も残っている。内容はつぎのような意味のもので、これを神前で読み上げたのである。

米の出廻り良くなり値段も下り、上の御威信行届くよう、越中守一命はもちろん妻子の命までかけて必死に心願奉る。願いかなわぬならば、今の内に私等の命を召し上げられよ。

はたして一家眷族(けんぞく)の全生命を投げ出して米価下落を祈ったのが彼の本心だろうか。それとも、単なる人気取りのジェスチャーであったのか？

古くから、釈迦・孔子・基督を三聖といい、阿弥陀・観音・勢至を三尊と称して尊敬してきた。寛政時代にはそれに模して三奇人とか三隠居とか、三の数字を冠して人物を宣伝することが流行した。三奇人は林子平・高山彦九郎・蒲生君平。三隠居は一橋穆翁（治済）・島津栄翁（重豪）・中野碩翁（清茂）を指すが、当時、三博士・三忠臣・三明君の評判が流された。

寛政の三博士は　柴野栗山・尾藤二州・古賀精里……「寛政の三介」ともいう
寛政の三忠臣は　松平定信・本多忠寿・加納久周
寛政の三明君は　松平定信・津軽信明・上杉鷹山

右の三博士はみな朱子学者である。本居宣長・亀田鵬斎・杉由玄白そのほか他派大学者は一人も入っていない。また三忠臣の本多忠寿・加納久周はともに松平定信の腹心の部下である。三明君のうち上杉鷹山（治憲）は確かに明君ではあるが、彼は田沼時代の人であり、真に活躍したのは明和・安永の時で、一七八五年（天明五）に隠居し、寛政時代にはとうに第一線をしりぞいていた。

このように三博士・三忠臣・三明君とも、どうひいき目に見ても適格者を揃えたとはいえない。この評判作りの震源地がどこであるかは、少し頭を働かせればすぐわかるだろう。

❖崩れゆく政策

寛政の諸老たちは、金のかかる田沼の積極的な諸施策を廃止し、生産に役立たない商業を抑え、それに代わって、重農政策で米の生産を増やし、倹約令で消費を節約すれば、世の中はよくなると思っていた。ところがそれが逆で、楽になるどころか庶民生活はますます苦しくなった。景気は下り坂で金儲けはなくなり、物資の出廻りは悪く、失業者は増え、市中の金廻りは悪くなり、米の値は乱調子である。

景気建て直しや物価調整等には、幕府役人―すなわち武士の力ではどうすることもできず、町人の財力と、経済手腕にまつよりほかはない。よって三谷新九郎ら一〇人の有力な新興商人を、新しく勘定所御用達に任命して、幕府直営の猿屋町貸金会所その他経済機関に参画させた。彼らは抜け目なく辣腕(らつわん)をふるい、幕府と共存共栄をはかるのであった。田沼の重商主義政策を攻撃し続けてきたはずの定信が、いつとはなしに一部の特権商人と結びつかざるをえなくなった。それは彼自身も予期しなかったことであろう。

かつては厳しく非難し、政権を奪うと直ちに差し止めた南鐐二朱判も、一七九〇年(寛政二)、早くも通用促進の触れを出している。またいったん停止した株仲間や、それに付随する運上金についても、間もなく復旧し、あとのほとんどは依然存続させている。改革政治の理想と、政権担当後の現実の矛盾は、年を追って著しくなり、政策の破綻(はたん)はあちこちに現われた。

天下の事に忠心にして、かえって世をそこない候ものは越中守（定信）なり。

と後の史家は、彼を批評している。

❖露使ラクスマン

北辺警備の重要性を説いた林子平を処罰して、ものの半年も経たない一七九二年（寛政四）九月、ロシア使節ラクスマンが来航した。日本人漂流民大黒屋光太夫・磯吉両名を送り届け、かたがた通商をもとめてきたのである。

この光太夫らというのは、もと伊勢の舟乗りで、一七八二年（天明二）一二月、駿河の沖で暴風にあい、流されてアリューシャンで助けられ、八年の間、日本語や日本事情を知ろうとするロシアのために利用されていた者である。その時の幕府の驚きようはひとかたでなく、慎重な閣議の末、

一、通商を要求した国書は受け取らない
二、光太夫らの漂流民は、根室で引き取る

との方針は決まったが、もしロシアが怒ったら大変だ、わが方に彼らと戦うだけの用意はないということで、

外国との取引は長崎で行なっているから、通商を望むなら長崎へ廻ってもらいたい。望みならば長崎入港の許可を与えよう。

と回答してやった。

光太夫はロシアの首都で、エカテリーナ女王に接見までしてきたのである。しかし久しぶりに祖国に帰って来ても、幕府はなにを思ってか、故郷に住むことを許さなかった。いっしょに帰った磯吉とともに江戸番町の幕府薬草園に強制的に住まわせた。このように、林子平を捕えて牢に入れたり、光太夫・磯吉らを拘禁した寛政政権も、ロシアの動きを見てはさすがに安閑としてもいられない。一七九三年（寛政五）三月、沿海諸藩に対し、海岸防備を整備するよう命令を出した。

さらに定信は、自ら四〇〇人の大部隊を引率し、伊豆・相模（現在の静岡県・神奈川県）の沿岸巡視の旅に出かけるのであった。

❖定信の解任

しばらく江戸を留守(るす)にして地方巡視をし、七月江戸に帰った定信には、思いもよらない〝老中罷免〟という不幸な事態が待っていた。罷免の直接の原因は「国防問題ではなく、

一、光格天皇の実父閑院宮典仁(すけひと)親王に〝太上天皇〟の尊号を贈ろうとの天皇の意志

二、一一代将軍家斉の実父一橋治済を、〝大御所〟と呼ばせようとの将軍の意志
この天皇と将軍の意にさからい、定信は拒み続けていたが、それが原因であったらしい。
一、の問題では、京都からわざわざ幕府の了解を得るべく江戸に下向してきた中山愛親・正親町公明の正副勅使と、定信ははげしい殿中問答を行なった。頑として拒否したばかりか、勅使中山親愛に閉門、正親町公明に逼塞の刑罰を加えてこれに酬いた。

定信がこれほど強硬だったのには理由がある。京都の尊号問題を譲歩すれば、一橋治済の大御所称号も許さねばならないが、治済の所業は目にあまるもので、なんとしてもこれ以上手綱は緩められないと思っていた。しかしそういう定信の腹のうちは、治済に読み取れないわけはない。かねてより定信は将軍補佐役を兼任していたが、すでに家斉が成人して補佐の要がなくなったという理由で補佐役が解任され、それと同時に老中もやめさせられたのである。
一橋治済は一九年前、田安家定信の白河養子問題や、一二年前、長子家斉の宗家入籍問題では、意次の力をせいいっぱい借りたのに、最後にはむごい煮湯を飲ませた。今度は、その意次追い落としに憎まれ役をすっぽり背負って立った定信に煮湯を飲ませたのであった。

時に定信三六歳。吉宗の孫というこの上ない出自と、溜間詰の特別待遇と、彼の息のかかった下僚が全員幕閣に残っていたにもかかわらず、彼は一人だけ淋しく追われたのである。

❖両政権の功罪

定信退陣の段階で、両政権の実施した政策を総まとめして表にして対比し、その優劣・功罪をはかって見よう。これにより、いかに田沼政治が、庶民の福祉と国家の将来を考えた進歩的な近代型政治であり、一方寛政改革が、単に幕府延命のための封建政治の典型であったかということが、一目でわかるだろう。

実施政策総まとめ対比

政策	田沼政治	寛政改革
外交	開国を指向して前進	鎖国政策に逆進
貿易	輸出奨励・外貨獲得	縮小方針
財政	拡大昂進	緊縮方針・歳出縮減
貢納	金納税収をはかる	米納中心主義
農政	多角的農業経営の許容	換金農作抑え米重点
工商	経済発展・重商主義	重農主義，商工業抑圧
通貨	表位通貨制を創始	秤量通貨制を堅持
物価	安定政策	低物価政策
金融	銀行方式を指向	旧債放棄の棄捐令(きえんれい)等
開発	新田·運河·鉱山の開発	新規法度方針の堅持
学問	向上発展的・出版奨励	異学禁・新規出版禁
芸術	自由発展政策	愚民政策・美術抑制
言論	自由解放	隠密強化・抑圧制禦
医療	洋医学育成	漢方医重用・蘭医抑圧
人事	人材登用方針	家柄尊重・家格重視
賞罰	賞多く，刑罰軽し	賞軽く，刑罰重し
娯楽	大衆娯楽黙認	取締厳重・贅沢(ぜいたく)禁止

田沼失脚の真因

❖政変の裏面探索

さて田沼意次の台頭、それに代わって政敵松平定信の登場、さらに定信の突然の失脚……といったように、この安永・天明・寛政の中央政治は目まぐるしく変動する。その背後にどんな事情がひそんでいたか？　万人の興味をひくところだが、残念ながらその実態を明らかにする典籍は——信頼するに足る物的資料は——ほとんど残されていない。しかし私は、今まで述べてきた歴史事実を基礎に考え、また、その後に起こった諸般の現象を総合してみて、だいたいつぎのごときが真相だったという結論に到達したのである。以下、若干推測を加えるきらいがあるが、私の歴史像なるものを述べてみよう。

❖徳川家お家騒動

地方大名の世嗣問題のトラブルを「お家騒動」といって、古来小説や芝居に取り上げられたものは多い。江戸城内徳川家のことは厳しい禁令によってさえぎられ、巷間(こうかん)にはもれないが、将軍の座を狙う暗闘は、どこよりも大規模であり、深刻であったはずだ。

さきにもふれたが、吉宗在位中、老中松平乗邑(のりさと)は、次男田安宗武(たやすむねたけ)のために、すでに将軍後嗣に内定していた長男家重を廃嫡(はいちゃく)せしめ、宗武を次代将軍に据えようとしたという説がある。乗邑が、家重が九代将軍の座につくや直ちに罷免されたのは、それが原因だといわれている。松平定信は、その田安宗武の実子であり、田沼は家重の寵臣である。定信が根っからの田沼ぎらいで、まっこうから闘ったのも、こんなところに遠因があるのではないだろうか。

家康の時代に作られた尾張・紀伊・水戸の三家も、吉宗の作った田安家・一橋家・清水家の三卿も、ともに将軍の血筋をまもるためのものである。しかし三家のほうは、六二万石ないし三五万石の領土と、一万前後の家臣……軍隊を持つ一国一城の大名であった。ところが三卿のほうは、江戸城内の田安門・一橋門・清水門のかたわらに住み、一〇万俵の扶持米(ふちまい)が支給されるだけで、譜代の家臣というものはなく、家老以下幕府の職員が来て家計いっさいをまかなうという、まことに自主性の薄いものであった。宗家の血筋に異変のあった時は、三家よりも優先して世嗣候補は出せることになっていたが、そのことがないかぎり、永久に日蔭者……いわゆる〝飼い殺し〟で終わらざるをえない家柄であった。田安や一橋が、将軍の座を虎視たんたんとして狙ったのは、単に物欲や名誉欲だけではない。彼らの生きがい——唯一の生存価値を生かすか殺すかにあり、その願望の熾烈だったことは、他の者では想像もできないほどであった。

三卿といっても清水家は、血脈も下位であり、そのうえ当主重好が病弱なため圏外にいたが、田安と一橋は、対等の立場であり、両家の勢力争いは、真剣なものであった。

一七七四年（安永三）のことである。田安家の当主治察の弟、当時一七歳の定信を、奥州白河一一万石松平家の養子にほしいとの話があった。田安家では、当主治察が病弱なため子どものできる見込みも薄く、弟定信に家を継がせる気でいたので、養子に出すことは堅く辞退した。田安家を出ることは、将軍の被推薦権を放棄することでもあり、定信自身も耳を傾けなかった。

一橋家の当主治済はなかなかの策謀家であった。定信より七歳年長である。はじめ意次の弟・田沼意誠を一橋家家老にして田沼と手を握っていた。彼は定信の養子問題を聞くと、にわかに活動を開始し、競争相手の田安家の力を弱めるはこの時とばかり、意次に頼みこみ、また将軍家治にも働きかけ、定信追い出しを執拗にすすめていくのであった。家治にしても意次にしても、かつて定信の父田安宗武が九代将軍の座を狙った前科を知っているので田安家には好意は持てず、一橋治済の希望通りに動き、最後は将軍の命令ということにして無理に承知させてしまった。

定信は一七七六年一九歳で奥州白河へ行き、松平定邦の娘峰姫と結婚した。峰姫は定信より五つ上の二四歳。そのうえ容姿がよくなかったので周囲の者は気をもんだらしいが、彼は、女性の価値は美醜でなくて婦徳にあるといい、峰姫もよく仕えたので、琴瑟相和（きんしつあいわ）したという。

そのころ田安家では、心配していた治察が亡くなり、その後ずっと男のいない女世帯の淋しい生活が続いた。よって定信の母宝蓮院などの治済への憎しみは、深刻なものであったという。いっぽう一橋家には豊千代（後の家斉）はじめ、つぎつぎと男子が産まれた。

宗家のほうを見るに、家治の一人息子の家基が一八歳に成人し、すでに次代将軍と決まっていた。それが一七七九年（安永八）二月近郊に鷹狩に行くと、出先で急に発病し、三日目に没した。これはなんぴとかの毒害にあったらしいと噂された。このことがあってから二年を経た天明元年、治済はまた意次の力をかり、長子家斉を将軍継嗣に入れる運動をして、それにも成功した。

❖将軍を毒殺か

当時、江戸中に大評判されたことがあった。上杉謙信の末裔（まつえい）、米沢藩主上杉鷹山（ようざん）（治憲（はるのり））といえば、明君中の明君といわれた人物だが、一七八五年（天明五）二月突然隠退した。隠居の理由は、彼が養子に来て後、前藩主重定に実子ができたので、自分には男の子があったのに、養父の実子に家督を継がせて身を退いたのであった。これは水戸光圀（みつくに）が、自分の実子をさしおいて兄の子に跡を継がせたのと事柄は違うが、心意気はまったく一つだと人びとを感嘆せしめ、その評判は高まる一方であった。

　さて上杉鷹山や水戸光圀のとった養子相続者の遠慮問題が、評判されればされるほど、気がもめてならないのは、わが子家斉を将軍家へ養子に入れてある一橋治済であった。彼にしてみると、もし家治に実子ができれば遠慮せねばならない。まだ五〇歳になるかならない壮年の家治だから安心してはいられない。しかし家治さえ死んでしまえばその心配はない。そればかりか、せがれ家斉は直ちに将軍になれるし、治済自身は、少年将軍のうしろだてとなり、事実上江戸城主となることはもちろんであり、それはそのまま日本全土をわが手ににぎることである。しかも将軍の座は永久に、わが一橋の子孫によって独占することができるはずである。ただ、現在それを妨げているものは将軍家治の存在であり、その寵臣田沼の存在である。

　一橋治済は徳川家の側流ではあるが、家康の血は受け継いでいる。目的のためにはすすんで鬼となって、糟糠（そうこう）の妻築山殿も殺し、片腕と頼む実子信康も殺したあの残忍な家康の血を受け継いでいる。家康は、外には、幾多の野戦激闘を繰り返し、内には、奇策謀略をめぐらして、天下を自分の手に収めた。三卿の一橋は、戦おうとしても軍兵を持っていないが、幸いなことに平和である今はそれを用いる必要がないのである。治済が目的を達するためには、ただ策略のみ、陰謀のみで足りるのである。彼は懸命になってその機会を狙っていた。

そんな時、一七八六年（天明六）八月、家治が病のために床についた。御典医大八木伝庵が病床にはべっていたが、病状はかばかしくないと聞いた田沼は、オランダ医の若林敬順・日向陶庵を推挙して立ち会わせた。二人は以前から田沼の家に出入りしていた新進の医師であった。

当時江戸の医療界は、人数の多い旧来の漢方医と、数は少ないがはりきっている新進蘭方医との間に学論が対立し、事ごとに衝突していた。一波乱なしではおかぬ険悪な空気のなかで、漢方医師と蘭方医師が立会診察をした。診察後の会議の状態は知るよしもないが、結果は、蘭方医師の主張する薬が調進された。

ところがその翌日、家治の病状がにわかに変わり、ほどなく絶命した。時を移さず大奥の中で、

将軍の死は毒害だ。蘭方医が一服盛ったらしい。黒幕は田沼にちがいない。

という噂をつくって、奥女中らの間に触れ回る者がいた。

将軍家治の死が、噂のように毒害であったとしたら、直接毒薬を飲ませた者は誰か。抜擢（ばってき）されて初めて昇殿し、将軍の脈をみた二人の新進医師か。それとも、自分のなわ張りを荒らされ、

体面を傷つけられた老御典医か。その確証はつかめず、うやむやのうちに葬られた。また黒幕についても深く追及した形跡はない。

いずれにしてもその時点において、家治の死によって大打撃をこうむるのは田沼であり、その一党である。動機のうえから見て、犯人田沼派説は成立しない。あるいは、田沼の推挙した蘭方医を、将軍の病床に一日だけ立ち会わせたことは、毒薬調進の元兇らがそれをまぎらすための謀略だったとも考えられる。

❖一橋の天下

家治の死と、田沼の失脚によって、一橋治済には、わが世の春が訪れた。治済は家治葬送直後、一四歳の長男家斉（実は四子で母は於富の方）を新将軍とし、自らは、陰の大御所の座にすわり、国政の実権をにぎって、権力をほしいままにした。彼はこのようにして徳川宗家を乗っ取ったほか、三男斉匡（なりまさ）を田安家へ養子にやって同家をその手に収め、自家は四男斉敦（なりあつ）に継がせた。

将軍家斉は長ずるにしたがい古今無比の好色漢となり、大奥に侍る（はべ）美女は八八五人いたといい、うちお手付中﨟（ちゅうろう）四〇人を数えた。この数字は一八三八年（天保九）の記録で、彼の六六歳の時のものであり、壮年期にこれより多かったか少なかったかはわからない。うませた子女は男二八、女二七、計五五人あったというから驚く。このことは、天下を一橋の血で埋めつくす魂胆で計画的に側妾を増やし、大勢の子女をうませたという見方も成り立つであろう。

まず家斉の第四子家慶(いえよし)を次の将軍に決めておき、第七子敦之助を清水家に入れて同家を乗っ取り、一三子峰姫を三家水戸斉修(なりなが)の室となし、一五子斉順(なりのぶ)を紀州治宝(はるとみ)の養嗣子に入れて同家を継がせた。さらに次男治国の子斉朝(なりとも)を尾張家宗睦(むねちか)の後嗣に入れた。そして斉朝に男子がないというと今度は家斉の四六子斉温(なりはる)に嗣がせ、斉温が死ぬと、つぎは、第二〇子斉荘(なりたか)がその後を襲った。彼はその時すでに田安家を継いでいたのだったが横滑りして尾張家を継いだのである。

治済はこのように徳川幕府の藩屛(はんぺい)三家三卿をもことごとく自分の血で固めてしまった。

家斉の子女があまりに多いので、お輿(こし)入れ専門の奉行をおいたということで、これぞと思う大名には種々の好条件をえさに押しつけた。福井松平家の二万石の増封、佐賀鍋島家の年額三〇〇〇両の持参金などは、その一例である。

加賀前田斉泰に嫁した第三五子溶姫婚礼の際、前由家において姫を迎えるために建てた御守殿門が、今の東京大学の赤門であることは人のよく知るところである。

　御守殿が　できて町屋も　片はずし

と言われたように、その建築にあたり、前の片がわ数百戸の町家を取り払ったということである。

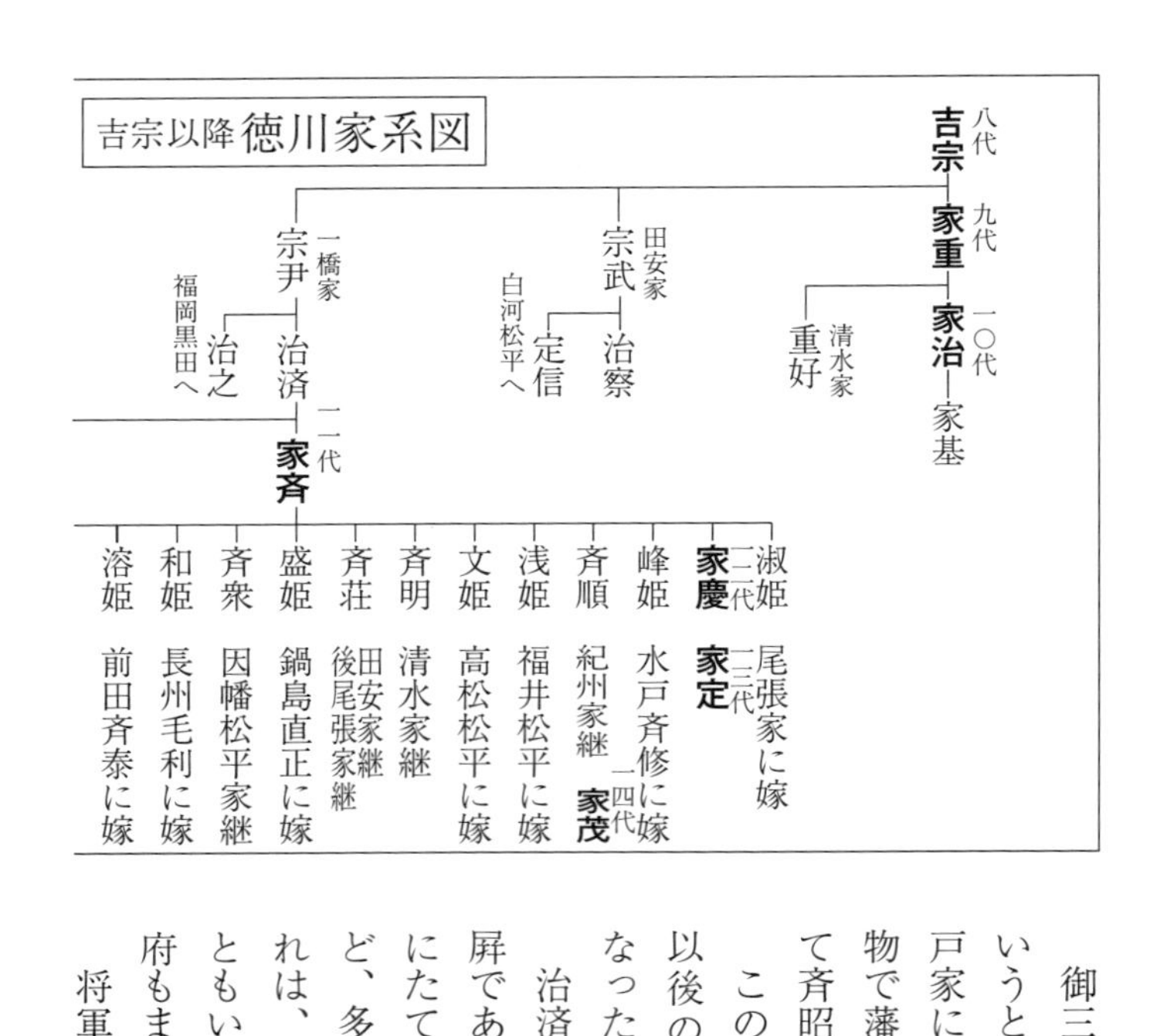

御三家の水戸へ嫁に行った峰姫に子どもができないというと、また家斉の子を押しつけようとした。しかし水戸家には斉修（なりなが）の弟斉昭があり、これがきわめて英明な人物で藩内の期待も大きく、藤田東湖らの主張が入れられて斉昭が家を継いだ。

このように水戸だけが、一橋の血の外になったことは、以後の治済の思惑にただ一つの禍（わざわい）の種を残す結果となった。

治済・家斉死後のことになるが、維新の前、徳川の藩屏である御三家水戸が、尊王攘夷の急先鋒となり、幕府にたてつき、安政の大獄、井伊大老襲撃、筑波山挙兵など、多くの大事件の中心となって人びとを驚かせた。これは、烈公水戸斉昭が一橋の血の外であり、〝一橋一家〟ともいうべき当時の徳川幕府に対して好感が持てず、幕府もまた彼一人に冷たかったからである。

将軍職在位わずか一年、そして一戦も戦わずして大政

斉民　津山松平家継
末姫　浅野斉粛に嫁
喜代姫　酒井忠学に嫁
斉温　尾張家継
斉良　館林松平家継
斉彊　紀州家継
斉善　越前松平家継
斉裕　蜂須賀家継
（以下重要ならざるものは略す）
治国―斉朝　尾張家継
田安家 斉匡―斉位　一橋家継
慶寿　一橋家継
慶頼　一六代 **家達**
慶永　福井松平家継
一橋家 斉敦―斉礼

を奉還した一五代慶喜（よしのぶ）は、この斉昭の実子である。したがって一橋の幕府に少しの執着もなかったのである。

❖実は一橋幕府

一橋治済は、養子相続という手段によって、徳川・田安・清水・松平など婚嫁先の姓を名乗らせているので目立たないが、その血統を調べていけば、徳川宗家も、尾張家も、紀州家も、田安家・清水家も、みな乗っ取ってしまっている。今まで長い間「徳川幕府は、一五代連綿として続いた。」といわれてきたが、私は、実は一〇代で断絶し、あと天下は、側流の一橋家に奪われ、完全に一橋幕府に変わった、と考えている。外見には静かだが、一大革命であった。

そのころの大名は公然と蓄妾（ちくしょう）して血統を護っていたはずなのに、一橋の子孫が、ほとんどの親藩大名家へ養嗣子として入る余地があったということにも疑問が生じる。

一橋治済子孫縁組一覧（主なるもの）

	氏名	婚姻年	地名	家名	石高(万石)
男	家斉・家慶	家斉養子 天明元年	将軍家	宗家 徳川	八〇〇・〇
	斉朝・斉温・斉荘	温 文政五 荘 天保一〇	尾張名古屋	三家 徳川	六一・九
	斉順	文化一三	紀伊和歌山	三家 徳川	五五・五
	斉良	文化 五	上野 館林	松平	六・五
	斉善・慶永	善天保六	越前 福井	松平	三二・〇
	斉衆	文化一四	因幡 鳥取	池田	三二・〇
	斉民	文政一三	美作 津山	松平	五・〇
	斉裕	〃 一〇	阿波 徳島	蜂須賀	二五・七
	斉匡	田安家相続 天明七年	江戸城内	三卿 田安	一〇（万俵）
	斉敦・斉位		〃	三卿 一橋	一〇（〃）
	敦之助・斉明	敦 寛政一〇 明 文政 六	〃	三卿 清水	一〇（〃）
女	峰姫	文化一一	常陸 水戸	三家 徳川	三五・〇
	溶姫	文政一〇	加賀 金沢	前田	一〇二・五
	喜代姫	〃 五	播磨 姫路	酒井	一五・〇
	文姫	〃 九	讃岐 高松	松平	一二・〇
	末姫	天保 四	安芸 広島	浅野	四二・六
	和姫	文政一二	長門 萩	毛利	三六・九
	盛姫	〃 八	肥前 佐賀	鍋島	三五・七

ひそかに黒い魔手が回ってあらかじめ工作され、養子相続するしかない状態に作為されたとも思われる。

以上のとおり、すべてのできごとがあまりに彼一人のために都合よくでき過ぎており、これらがみな偶然の結果と見過ごすことは、どうしてもできない。一橋治済は、田沼の悪評判をあおり立てて世間の耳目を集中させ、それに加え、情熱家松平定信をして改革政治をやらせてその槌音を高くし、それらのベールを厚くして自分の悪業のかくれみのとしたのであろう。

田沼意次失脚の真の原因は、政治の失敗でもなく、世間の悪評判でもなく、もちろん賄賂汚職でもない。超大型の徳川家お家騒動に巻きこまれ、一橋治済の幕府乗っ取りの大野望……大陰謀の前に、あえなく葬り去られたものと見るべきである。

田沼は政界の第一人者で、そのころの中央政界の動向がわからぬわけはない。いちはやく家治をそでにして一橋側に走ったならば、相当高く処遇されたことはまちがいなかったろう。かつて一橋家の家斉を宗家の養子に入れるのにも、また家斉四歳の時、島津重豪の息女を正室にとりきめるのにも尽力した彼であって、田沼が一橋側にはいることは、むしろ容易であった。それにもかかわらず最後まで治済に背を向けたのは、彼の良心が……家治への忠誠心が……変節を許さなかったからである。悲運の将軍、一〇代家治のために意次は、自分の身命を捨てつくした無比の大忠臣であったのである。

従来すべての史家は、田沼の当面の政敵を松平定信となし、彼によって宰相の椅子(いす)を奪われたと言ってきた。しかしながらその定信もまた一橋治済という巨魁(きょかい)にあやつられた一個の〝あやつり人形〟でしかなかったのである。見られよ、人びとはその人形劇〝寛政改革〟に酔わされていたが、その劇が終幕になったとたんに彼は、破れ草履(ぞうり)のように捨てられてしまったではないか。

齢三〇歳、青年宰相として上下から歓迎され、一瞬痛快な気分を味わった定信も、清廉な政治家という名声だけは史書に記されたものの、三六歳以後、中央政界から締め出されてしまった。あとは白河の一地方藩主におさまり、静かに再起の時を狙っていたが、ついにその機会はなく、五五歳で隠居した。隠居後は〝白河楽翁〟といって、好きな歌作りに心を慰め淋しい生涯を送った。

定信は一八二九年（文政一二）五月、七二歳で没した。その二か月前江戸大火にあい、彼の住まいであった築地の下屋敷を始め、八丁堀の上屋敷、蛎殻（かきがら）町の中屋敷みな焼失してしまった。その時病床に臥していた彼は、親戚の松山藩松平家の江戸屋敷に辛うじて難を逃れ、その寄遇先で没した。

少年時代は御三卿田安家の御曹子として手厚く育てられ、青年時代は老中首座兼将軍補佐役として華々しく立ちまわった彼にしては、あまりに哀れな最期であった。

余燼（よじん）

❖悲劇の連続

一七八七年（天明七）一〇月、意次は隠居申しつけられ、孫意明に家督仰せつけ、奥州下村へ転封された。所領は、陸奥で七〇〇〇、越後で三〇〇〇、計一万石だったが、飢饉後で荒廃していて、実収は半分そこそこだったという。

意次は翌年七月二四日、江戸において、多彩な生涯を閉じた。享年七〇歳。その葬式がすむかすまないかの九月、田沼家は、幕府から川普請役御用仰せつけという名目で、金六万両を取り上げられた。

その前年一一月、相良城公収の際、城附といって金一万三〇〇〇両取り上げられていて、これを合わせると金七万三〇〇〇両になる。いったい、この金七万三〇〇〇両とは、どのくらいの価値のものか？

転封して行った奥州下村に、「天明八年御巡見案内手鑑」という、その当時の古文書が残っていた（『福島県史』）。それによると、玄米は一分（いちぶ）につき三斗四升と記されている。これに基づいて金七万三〇〇〇両を算当すると、玄米計算で九万九二八〇石となる。所領地の実収が半分足らずだったというから五〇〇〇〇石、うち藩の収入米は五公五民とみて二五〇〇〇石、四公六民とみれば二〇〇〇〇石、したがって藩の総歳入の四〇～五〇年分に相当する金額となる。まことに苛酷な仕打ちと言わざるをえない。

数年過ぎてようやく成人した意明は、一七九五年（寛政七）一二月、織田左近将監の娘と結婚した。彼は、その翌年大坂御加番代を命ぜられ、赴任したところ、その九月二二日、大坂において客死した。結婚から数えて一〇か月目にあたる。

その後を継いだ次弟の意壱は、一七九九年二月、新見大炊頭（おおいのかみ）の娘と結婚したが、翌年九月一七日死去した。二人の嫁女はそれぞれ帰籍している。

ついで末弟意信が家督相続し、一八〇二年（享和二）一一月、松平播磨守妹を嫁に迎えたところ、彼女は翌年八月ちょうど一〇か月目に没した。引き続いて翌九月一二日、意信も死去した。

このようにして、意知の三人の遺児はついに絶えてしまった。そのあと、意次の弟意誠の孫意定を養子に迎えて継がせたところ、意定は相続後九か月、一八〇四年（文化元）七月二四日（意次の命日）に没した。

以上一七九六年意明の死から、一八〇四年意定の死まで、なんと八年間に五人の若者たちがつぎつぎと死んでしまった。

さらに目を元にもどして、意次死去のあたりを今一度顧みよう。一七八八年七月二四日意次没した後、わずか半年、一七八九年二月に、田沼時代に老中首座だった松平康福と、前大老井伊直幸が死去している。すなわち田沼時代の政界三巨頭が、わずか半年の間に三人とも没したのである。

以上意次の孫五人の死と、田沼派三巨頭の死が、あまりに人為的なこの事実を見た場合、反田沼派の魔手が回っていなかったと、保証できる者があろうか。

とくに注目しなければならないのは、定信政権が隠密を拡充強化し、重用していた政権だということで、右の連続怪事件こそ、彼ら隠密族の功名争いの結果と推察せずにはいられない。

❖四男意正

意明以下四人の死後、意次の四男意正が家督を相続した。彼は田沼家全盛のころ、水野忠友に養子に入っていた忠徳である。忠友は、意次の引き立てによって出世し、老中にまでなったのに、田沼失脚と見るや自分に難がおよぶのをおそれ、この忠徳（意正）を離縁帰籍させた。それが家にもどっていたので、意定死後家を継いだのである。

田沼意正の筆跡
（静岡市後藤氏蔵）

意正には娘が一人（長男意留の他に）あったが、彼女は一八二六年（文政九）柳生但馬守英次郎の室になった。武術万能のそのころ、将軍家指南番柳生家へ正室として迎えられたくらいだから、女流剣士として当代一流だったことは、まずまちがいないところであろう。意次以下田沼家の人々の武芸実力を語った文献はないが、この孫娘を見て、家風の様子をほぼうかがい知ることができよう。

将軍家斉は、父治済が田沼に対してとった非道の行為が、心がかりで仕方がなかったのであろう。その罪亡ぼしのためか、一八一九年（文政二）、意次の四男意正を若年寄に登用した。意正は、家名挽回の機会はこの時とばかり、お勤め専一に励んだ。それが認められて御加増の内意があった時、彼はそれを辞退し、父の旧領地相良へ帰封したい旨を願い出た。一八二三年（文政六）、幕府は、意正の相良帰封を許し、相良藩（一万石）を復活した。

意正の若年寄期間は五年半だったが、その忠勤ぶりは人々の目を引いたという。一八二五年（文政八）四月には側用人に昇格し、その後満九年勤仕している。初めは罪亡ぼしというから、いわばお義理でわずかの間と思って若年寄に取立てたものだろう。それなのにさらに昇格し、引き続き九年も将軍側近の側用人にされたところを見ると、将軍家斉が、意正の人物に心からほれこんで手離さなかったものらしい。

意次失脚以来、悲運の連続だった田沼家の家運を立て直し、名誉を回復した彼の功績をたたえ、同家子孫は、彼を〝中興の主〟として厚く祀ったのである。

あとがき

私は文筆をもって職とする作家ではなく、また専門の歴史家でもない。若きより静岡銀行に奉職し、戦前戦後を通じ破乱激動の経済界に棹さしてきた銀行人である。したがって刻々に変わる経済の動向や、業者の経営分析等の研究は、役席者としての責任上、多年力を緩めず取り組んできた。そのうえ停年後も嘱託として居残り、『静岡銀行史』編纂のことに携った。

元来銀行家が、融資先の実態を把握することは、過去の盛況にまどわされず、世間の評判や、業者の宣伝売込みに耳をかさず、もっぱら確実な資料によって独自の判断を下し、将来を見とおすことが要請され、いささかたりとも誤算を許さない厳しいものである。

徳川中期の歴史上の人物田沼意次は、あれだけの政治活動をした大宰相であるにもかかわらず、研究資料の少ないことで、歴史家泣かせの一人だと言われている。わずかに伝わる文献は、反対政権の御用史家の作為のもの、あるいは低級な町の噂本が、そのすべてであると言ってよいだろう。そういうなかで相良の地は、他のどこよりも資料には恵まれていた。さらに田沼家御一統の好意により、格別の便宜を与えられたことは、感謝に堪えないところである。

思うに、山の形は……巨大な山岳の形容は、その山のなかにいたのではわからない。向かい側の山に登って眺め、そこではじめて全貌がわかる。反対側から見てこそ「幕府」という山の姿はわかるものだが、当時はみな「幕府」の傘の下にいたので、わからなかったのである。

私は、今までのような幕府傘下から見た一方的な田沼論にあきたらず、あらゆる視点から田沼個人を観察し、その時代を探究・分析して、実態の把握に懸命になっていた。その時ふと徳川将軍家のお家騒動が私の目に映り、大政変の根源を見出すことができた。田沼失脚の原因もつかみえたが、それよりもむしろ副収穫のほうが大きかったらしい。「一橋幕府説」は、あるいは私の発言が最初のものかもしれない。対峙した田沼山から見たので気がついたとしたならば、私が最初の発言者であるということも、あって然るべきことと思う。

本書において私は、粉飾もせず、誇張もせず、隠蔽(いんぺい)もせず、そしてなんぴとにも恐れず、遠慮なく、思うことすべてを率直に書きつづった。それはたしかに古来の定説に逆らう暴論に見えたであろう。にもかかわらず清水書院の日出常務および編集部諸氏は大らかにのんでくれた。それにもまして歴史家大石慎三郎博士が、私の説を支持され、推薦の労をとってくれたことは、このうえない喜びである。それらがなかったならば、この田沼意次という大政治家の雪冤(せつえん)の機会も、また「一橋幕府説」を世に問う機会も、なくて終わったかもしれない。筆をおくにあたって、満腔（まんこう）の謝意を表する次第である。

田沼家系図

（＝は養子）

先祖
藤原重綱
田沼九郎山城守壱岐守従五位下
藤原秀郷七世足利次郎大夫五世佐野庄司六世孫
鎌倉将軍頼経卿奉仕　元仁元年一一月一八日建家
田沼村西林寺開創　文永二年一一月九日卆
法名玄松院風山元了　葬田沼村西林寺

―**重村**
九郎左衛門尉
伊賀守従五位下
文保元年二月一一日卆
法名道春居士　葬西林寺

―**重行**
九郎　丹後守
属新田義貞於越前国
建武二年七月戦死
法名葬地　不明

―**重信**
新五郎称千本伊賀守
佐野家奉仕
応永二年二月五日卆
法名松岳良軫　葬西林寺

―**重隆**
千本右京太夫
仕鎌倉管領住鎌倉山内
宝徳元年六月九日卆
法名玄松院一行道保　葬西林寺

―**光房**
田沼九郎伊賀守
初称千本後称田沼
永正三年五月三日卆
法名長山道雲　葬西林寺

＝**重綱**
嘉右衛門山城守
実新田一族高瀬忠重次男
永正一七年五月二一日卆
法名東光院道夏　葬西林寺

―**源忠高**
刑部少輔　改源姓
属上杉家　後仕武田家
永禄一一年六月二日卆
法名梅応院日山道仙　葬西林寺

重高

山城守仕忍城主成田親泰
永禄八年八月八日戦死
法名東光院義重全高
葬武州上野村龍淵寺

重次

小次郎主膳正属成田長泰
文禄二年八月一八日卆
法名楓山高林居士
葬西林寺

忠吉

甚右衛門　属武田家
寛永元年一二月一八日卆
法名乗天院大宅道鑑
葬地不明

吉次

次右衛門　仕紀伊頼宣
寛文一二年一月一九日卆
法名自徹道済居士
葬和歌山金龍寺

吉重

次右衛門　仕紀州家
延宝八年七月二一日卆
法名雲岑了興居士
葬金龍寺

義房

次右衛門　仕紀州家
享保一五年六月一八日卆
法名一峰玄枝居士
葬江戸駒込勝林寺

意行

専左衛門　始属紀州家
宝永二年従吉宗入江戸城為旗本任主殿頭
享保一九年一二月一八日卆
法名承隆院宗山良祐　葬勝林寺

田沼意次系譜　朝比奈氏と田沼宗家の両家に同一のものが伝わっている。

意次
幼名龍助　主殿頭従四位下
室伊丹兵庫女再室黒沢杢之助女　側用人・老中勤仕
宝暦八年列大名相良藩主
神田橋屋敷木挽町屋敷拝領
相良城主拝命安永九年竣工
所領累増五万七〇〇〇石に至る
天明六年八月失脚
神田役宅相良城所領没収
天明八年七月二四日卆
法名隆興院殿耆山良英大居士　葬駒込勝林寺

意誠
専助主水市左衛門
能登守従五位下
一橋家家老勤仕
安永二年一一月一九日卆

意満
田沼文助
延享四年九月二六日卆

女子
新見讃岐守正則室

意知
幼名龍助　従五位下
大和守播磨守山城守
室松平周防守康福女
若年寄勤仕
天明四年四月二日卆
法名仁良院孝岳元忠居士
葬勝林寺

勇次郎　早世

女子
西尾隠岐守忠移室

勝助　早世
金弥忠徳玄蕃頭中務少輔
始水野忠友養子後帰籍

意正
文化元年田沼家相続
文政六年相良藩帰封
従五位下若年寄側用人勤
天保七年八月二四日卆
法名麟徳院祥山紹禎居士
葬勝林寺

女子　早世

松三郎　早世

意明
幼名竜助　淡路守
天明七年一〇月家督相続
奥州下村一万石藩主
室織田左近将監女
寛政八年九月二二日卆
法名紹徳院乾道不宰居士
葬勝林寺

意壱
幼名万之助　左衛門佐
室新見大炊頭女
寛政一二年九月一七日卆
法名天稟院譲岳道栄居士
葬勝林寺

意信
幼名鎌之烝　主計頭
室松平播磨守女
享和三年九月一二日卆
法名万章院温質道厚
葬勝林寺

意定
実意誠孫なり養子
文化元年七月二四日卆
法名謙厚院玄体義霊
葬勝林寺

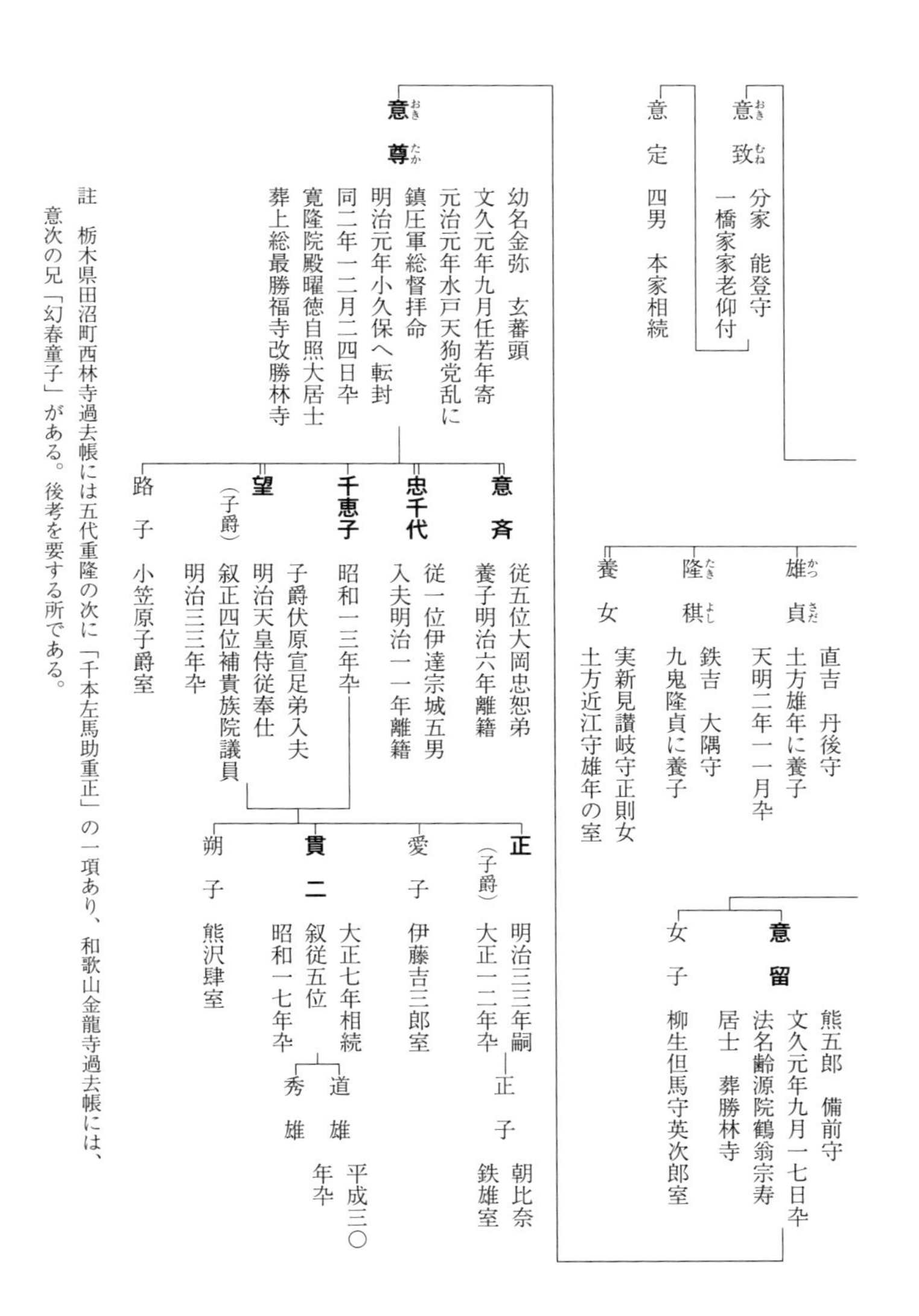

註　栃木県田沼町西林寺過去帳には五代重隆の次に「千本左馬助重正」の一項あり、和歌山金龍寺過去帳には、意次の兄「幻春童子」がある。後考を要する所である。

田沼意次年譜

事項の頭の数字は月をあらわす
年齢は実年齢を表示している

西暦（年号）	満年齢	年譜	社会的事件ならびに参考事項
一七一六（正徳六）		5・田沼意行、吉宗に供して出府、旗本となる。	紀州徳川吉宗八代将軍となる。
一九（享保四）	○歳	7・意行長男龍助（後の意次）出生	
二四（〃九）	五	8・本郷屋敷拝領 12・意行主殿頭となる。	
三二（〃一七）	一三	7・龍助、吉宗に初お目見え	
三四（〃一九）	一五	3・龍助、徳川家重の小姓となり、三〇〇俵賜わる。 12・意行、死去	
三五（〃二〇）	一六	3・龍助、家督相続、元服して意次と称す。	
三七（元文二）	一八	12・意次、主殿頭となる。	
四五（延享二）	二六		11・吉宗隠居、家重九代将軍となる。
四六（延享三）	二七	7・意次、小姓頭取になり役手当として年一〇〇両下賜	
四八（寛延元）	二九	9・意次二〇〇〇石に加増される。 10・小川町屋敷拝領移居	
五〇（〃三）	三一	3・長子意知生まれる。	
五一（〃四）	三二	7・意次、御側御用取次となる。	6・吉宗死去、有徳院殿とおくり名

年	年齢	事項	一般事項
一七五五(宝暦五)	三六歳	9・意次五〇〇〇石に加増される。	
五八(〃八)	三九	11・相良藩一万石領主、大名に列する。	
五九(〃九)	四〇	2・相良へ行き領内を巡視する。 弟意誠、一橋家家老となる。	
六〇(〃一〇)	四一	意次、相良八幡宮へ御神輿奉納(現存)	9・家重隠居、家治一〇代将軍となる。
六一(〃一一)	四二		6・家重死去、惇信院殿とおくり名
六二(〃一二)	四三	2・意次一万五〇〇〇石に加増される。	
六四(明和元)	四五		12・人参座を神田紺屋町に設置する。
六五(〃二)	四六	4・意次、日光東照宮に石灯籠奉献(現存)	9・五匁銀を新鋳し発行する。
六七(〃四)	四八	7・意次、側用人に昇格し二万石に加増 相良築城を拝命、神田橋屋敷拝領	
六八(〃五)	四九	4・相良城の鍬初めを相良御殿玄関前で執行	真鍮四文銭を新しく発行する。 6・長崎に竜脳座を設ける。
六九(〃六)	五〇	8・意次二万五〇〇〇石に加増、老中格となる。	
七〇(〃七)	五一	11・領内違作につき御用金三〇〇〇両拝借	
七一(〃八)	五二		3・杉田玄白・前野良沢ら人体腑分けを見る。
七二(〃九)	五三	1・三万石に加増され正式老中となる。 2・明和の大火で屋敷全焼、御用金一万両を拝借する。	
(安永元)			9・南鐐二朱判(表位通貨)新鋳発行

年	年齢	事項	一般事項
一七七三（〃二）	五四歳	12・弟意誠死去	10・一橋豊千代（家斉）生まれる。
七四（〃三）	五五		8・杉田玄白の『解体新書』できる。 11・田安定信、白河松平の養子となる。
七六（〃五）	五七	4・家治日光御社参、意次も供奉する。	11・平賀源内エレキテルを完成する。
七七（〃六）	五八	4・三万七〇〇〇石に加増される。	
七八（〃七）	五九		6・ロシア船松前藩に通商をもとめる。
七九（〃八）	六〇		2・家治世子家基、急死する。
八〇（〃九）	六一	4・相良城落成し、意次お国入りする。	8・大阪に鉄座・真鍮座を新設する。
八一（天明元）	六二	7・和泉国で四万七〇〇〇石に加増	5・家斉将軍養嗣子となり西の丸移居
八二（〃二）	六三	9・田沼藩士膝正利、相良に筆塚を建てる。 11・嫡子意知、山城守となる。	7・印旛沼・手賀沼干拓、利根川掘割着工
八三（〃三）	六四	11・意知若年寄拝命、蔵米五〇〇〇俵賜わる。	1・工藤平助『赤蝦夷風説考』を著す。 7・浅間山大噴火、死者二万人余 9・大槻玄沢『蘭学階梯』を著す。 天明大飢饉五年連続、この年最悪
八四（〃四）	六五	3・佐野政言殿中で意知刺殺、佐野切腹	
八五（〃五）	六六	1・河内三河で五万七〇〇〇石に加増	6・幕府、米の買占めを禁止する。 12・松平定信、溜間詰となる。

年	年齢	事項	参考事項
一七八六（〃六）	六七歳	8・将軍家治死し、意次老中を免ぜらる。 10・神田屋敷、大坂蔵屋敷および領地二万石没収される。木挽町屋敷に移居	前野良沢『和蘭訳筌』を著す。最上徳内、大石逸平ら千島・カラフト踏査 6・関東一円大洪水、利根川も大氾濫 9・家斉一一代将軍となる。寛政の改革始まる。
八七（〃七）	六八	10・意次蟄居命じられ、所領三万七〇〇〇石召し上げられる。孫意明家督相続、奥州下村一万石に移封 11・相良城没収、収城使岡部美濃守	5・難民蜂起し、暴動が全国に拡がる。 6・松平定信老中首座となる。
八八（天明八）	六九	7・意次死す（六九歳）、勝林寺に葬られる。	1・相良城とりこわし（一月一六日に始まり二月五日完了）
八九（寛政元）		9・意明川普請役拝命、六万両徴収される。	2・前大老井伊直幸と松平康福死す。 9・棄捐令公布される。
九〇（寛政二）			5・朱子学を正学とし、他を異学として圧迫する。 10・諸国代官に命じて郷蔵を造り、穀物を貯蔵させる。 11・綿実問屋その他、株仲間を圧迫する。 この年本居宣長『古事記伝上』刊行

一七九二(寛政四)		2・林子平『海国兵談』を著わし処罰される。 9・ロシア使節ラクスマンが根室に来て通商をもとめる。
九三(〃五)		3・定信、伊豆・相模の海岸を巡視 6・高山彦九郎自殺する。林子平死す。 7・定信、老中をやめさせられる。 相良地方三万余石、一橋治済の所領となる。
九六(〃八)	9・意明死す。意壱相続	
一八〇〇(〃一二)	9・意壱死す。意信相続	
〇三(享和三)	9・意信死す。意定相続	
〇四(文化元)	7・意定死す。意正相続 12・意正、駒込に転居	
一九(文政二)	8・意正、若年寄に取立てられる。大名小路屋敷拝領し移居	
二二(〃五)		相良領圧政のため一揆が起こり、一橋役所襲われる。
二三(〃六)	7・意正、相良に帰封、一万石(以後三代四五年間)	
二五(〃八)	4・意正側用人に昇格(以後九か年)	
二七(〃一〇)		2・一橋治済死す。
二九(〃一二)		5・松平定信死す。

一八三六(天保七)		8・意正死す。その子意留相続	
		9・田安橋木坂下屋敷に移居	
四〇(〃一一)		11・意留隠居し、その子意尊相続	
六一(文久元)		9・意尊若年寄に任命(以後五年余)	
六三(〃三)		12・相良藩水戸出兵費を領民より借用	
六四(元治元)		3・意尊、水戸天狗党の鎮圧軍総師を拝命出陣する。	8・第一回長州征伐 四国連合艦隊下関を砲撃す。
		12・敗走の天狗党加賀藩内で降伏する。	
六六(慶応二)		4・戦費藩債の償還ができず、家老井上寛司引責して自刃する。	7・将軍家茂死す。
			12・孝明天皇死す。
六七(〃三)			10・将軍慶喜、大政奉還、江戸幕府倒る。
六八(明治元)		9・意尊、上総小久保藩一万石に移封	
六九(〃二)		12・意尊小久保で死す。意斉相続	

参考にした文献・史料

『徳川実紀』
『徳川諸家系譜』
『徳川十五代史』
『寛政重修諸家譜』
『続藩翰譜』
『広文庫』
『南紀徳川史』
『徳川太平記』
『甲子夜話』　松浦静山著
『解体新書』　杉田玄白著
『蘭学事始』　〃
『後見草』　〃
『蘭学階梯』　大槻玄沢著
『将棋攻格』　徳川家治著
『遠江国風土記伝』　内山真龍著
『蜘蛛の糸巻』　岩瀬百瀬著
『賤のをだ巻』　森山孝盛著
『五月雨草紙』　喜多村香城
『近世日本国民史』　徳富蘇峰著
『日本文化史別録』　辻　善之助著
『日本の歴史』　中央公論社編
『日本の歴史』　読売新聞社編
『人物・日本の歴史』　〃
『日本歴史シリーズ』　世界文化社編
『庶民の抬頭』　大石慎三郎著
『大人名辞典』　平凡社編
『大百科辞典』　〃
『日本の美術』　〃
『読史総覧』　人物往来社編
『日本画大成』　東方書院編
『日本文化史大系』　小学館編
『日本城郭全集』　城郭協会編

『福島県史』　福島県編
『将棋文化史』　山本亨介著
『相良史』　山本吾朗著
『静岡県の歴史』　若林淳之著
「田沼意次遺墨」　田沼宗家蔵
「田沼家系図」　〃
「田沼家系譜」　朝比奈氏蔵
「家老井上伊織手記」　井上氏蔵
「家老井上伊織手記」　小塚氏蔵
『相良町始記西尾本』　山本氏蔵
『相良町始記寺尾本』　後藤氏蔵
『名産相良和布』　〃
『安明間記』　〃
『田佐実秘録』　〃
『浅間山大爆発記』　〃
「相良城引渡城毀手記」　〃
「田沼意次往復書翰」　〃
「遠江郷村高明細帳」　〃
「田沼藩政関係諸文書」　〃
「水戸出兵関係諸記録」　〃

（本書に掲載した資・史料の写真で「静岡市後藤氏蔵」と記載されたものは、著者の故後藤一朗氏の収集・所蔵になるものであるが、その大半は現在、牧之原市史料館に寄託されている。これらと本書で田沼宗家蔵と記載された文書の写真は、牧之原市史料館に提供していただいたものである――編集部）

さくいん

【き】

【く・け】

【こ】

【さ】

【し】

【す・せ・そ】

【た】

新・人と歴史　拡大版　35
田沼意次　その虚実

定価はカバーに表示

2019年３月10日　初　版　第１刷発行
2025年１月24日　初　版　第２刷発行

監　者　大石　慎三郎
著　者　後藤　一朗
発行者　野村　久一郎
印刷所　法規書籍印刷株式会社
発行所　株式会社　**清水書院**
〒102－0072
東京都千代田区飯田橋3－11－6
電話　03－5213－7151㈹
FAX　03－5213－7160
http://www.shimizushoin.co.jp

カバー・本文基本デザイン／ペニーレイン　編集協力／株式会社 新後閑
乱丁・落丁本はお取り替えします。　ISBN978－4－389－44135－7

本書の無断複写は著作権法上での例外を除き禁じられています。また，いかなる電子的複製行為も私的利用を除いては全て認められておりません。